기본 문장

다음 기본 문장을 읽고 따라 쓰세요.

기차가 간다.

나비가 난다.

버스가 온다.

새가 운다.

Basic Hangul Learning
for Foreigners

외국인을 위한

기초 **한글배우기**

② 문장편

권용선 저

■ 세종대왕릉(유네스코 세계문화유산)   *자료 출처 : 영릉

소재지 : 대한민국 경기도 여주시 세종대왕면 영릉로 269-10
Location : 269-10 Yeongneung-ro, Sejongdaewang-myeon, Yeoju-si, Gyeonggi-do, Republic of Korea

대한민국 대표한글
K-한글
www.k-hangul.kr

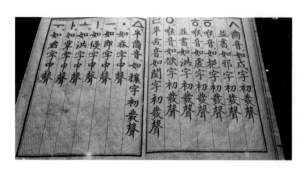 

- 훈민정음(訓民正音) : 새로 창제된 훈민정음을 1446년(세종 28) 정인지 등 집현전 학사들이 저술한 한문해설서이다. 해례가 붙어 있어서〈훈민정음 해례본 訓民正音 解例本〉이라고도 하며 예의(例義), 해례(解例), 정인지 서문으로 구성되어 있다. 특히 서문에는 **훈민정음을 만든 이유**, 편찬자, 편년월일, 우수성을 기록하고 있다. 1997년 유네스코 세계기록유산으로 등록되었다.

■ 훈민정음(訓民正音)을 만든 이유

- 훈민정음은 백성을 가르치는 바른 소리 -

훈민정음 서문에 나오는 '나랏말씀이 중국과 달라 한자와 서로 통하지 않는다.' 는 말은 풍속과 기질이 달라 성음(聲音)이 서로 같지 않게 된다는 것이다.

"이런 이유로 어리석은 백성이 말하고 싶은 것이 있어도 마침내 제 뜻을 표현하지 못하는 사람이 많다. 이를 불쌍히 여겨 새로 28자를 만들었으니 사람마다 쉽게 익혀 씀에 편하게 할 뿐이다."

지혜로운 사람은 아침나절이 되기 전에 이해하고 어리석은 사람도 열흘이면 배울 수 있는 훈민정음은 바람소리, 학의 울음이나 닭 울음소리, 개 짖는 소리까지 모두 표현해 쓸 수 있어 지구상의 모든 문자 가운데 가장 창의적이고 과학적이라는 찬사를 받는 문자이다.

-세종 28년-

■ 세종대왕 약력

- 조선 제4대 왕
- 이름: 이도
- 출생지: 서울(한양)
- 생년월일: 1397년 5월 15일~1450년 2월 17일
- 재위 기간: 1418년 8월~1450년 2월(31년 6개월)

■ The reason for creating Hunminjeongeum (訓民正音)

- Hunminjeongeum means "the correct sounds for the instruction of the people." -

The phrase from the preface of Hunminjeongeum, "The speech of our country is different from that of China and does not correspond with Chinese characters," implies that due to different customs and temperaments, the sounds (聲音) are not the same.

"For this reason, many ignorant people, despite wanting to express themselves, ultimately cannot convey their thoughts. Considering this pitiful, a new set of 28 characters was created, making it easy for everyone to conveniently learn and use."

Wise people can understand Hunminjeongeum before the morning is over, and even the foolish can learn it within ten days. Hunminjeongeum, capable of representing everything from the sound of the wind, the cries of cranes or roosters, to the barking of dogs, is praised as the most creative and scientific script among all scripts in the world.

- 28th Year of Sejong -

■ King Sejong the Great's biography

- The 4th King of Joseon
- Name: Yi Do
- Birthplace: Seoul (Hanyang)
- Date of Birth: May 15, 1397-Feb. 17, 1450
- Reign: Aug. 1418-Feb. 1450 (31 years, 6 months)

머리말 PREFACE

한글은 자음 14자, 모음 10자 그 외에 겹자음과 겹모음의 조합으로 글자가 이루어지며 소리를 갖게됩니다. 한글 조합자는 약 11,170자로 이루어져 있는데, 그중 30% 정도가 주로 사용되고 있습니다.

이 책은 실생활에서 자주 사용하는 우리말을 토대로 ①기초편 ②문장편 ③대화편 ④생활 편으로 구성하였고, ②문장편의 내용은 다음 사항을 중심으로 개발되었습니다.

- 기본 문장을 읽고 따라 쓰기와 어울리는 꾸미는 말로 구성하였습니다.
- 육하원칙과 문장의 뜻을 돕거나 문장을 구별하는 문장 부호를 수록하였습니다.
- 반복적인 쓰기 학습을 통해 자연스레 한글을 습득할 수 있도록 '쓰기'에 많은 지면을 할애하였습니다.
- 한국의 일상생활에서 자주 사용되는 글자나 낱말을 중심으로 내용을 구성하였습니다.
- 사용빈도가 높지 않은 한글에 대한 내용은 줄이고, 꼭 필요한 내용만 수록하였습니다.

언어를 배우는 것은 문화를 배우는 것이며, 사고의 폭을 넓히는 계기가 됩니다. 이 책은 한글 학습에 기본이 되는 교재이므로 내용을 꼼꼼하게 터득하면 한글은 물론 한국의 문화와 정신까지 폭넓게 이해하게 될 것입니다.

저자 **권용선**

차례 CONTENTS

다음 기본 문장을 읽고 따라 쓰세요.

기차가 갑니다.

나비가 납니다.

버스가 옵니다.

새가 웁니다.

다음 기본 문장을 읽고 따라 쓰세요.

아기가 걷는다.

강아지가 잔다.

토끼가 뛴다.

차가 움직인다.

다음 기본 문장을 읽고 따라 쓰세요.

아기가 걷습니다.

강아지가 잡니다.

토끼가 뜁니다.

자동차가 움직입니다.

다음 기본 문장을 읽고 따라 쓰세요.

공이 구른다.

꽃이 핀다.

강물이 흐른다.

말이 달린다.

다음 기본 문장을 읽고 따라 쓰세요.

공이 구릅니다.

꽃이 핍니다.

강물이 흐릅니다.

말이 달립니다.

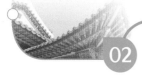
다음 기본 문장을 읽고 따라 쓰세요.

공을 찬다.

글을 쓴다.

꽃을 그린다.

밥을 먹는다.

다음 기본 문장을 읽고 따라 쓰세요.

공을 찹니다.

글을 씁니다.

꽃을 그립니다.

밥을 먹습니다.

다음 기본 문장을 읽고 따라 쓰세요.

손을 씻는다.

옷을 입는다.

그림을 본다.

책을 읽는다.

다음 기본 문장을 읽고 따라 쓰세요.

손을 씻습니다.

옷을 입습니다.

그림을 봅니다.

책을 읽습니다.

다음 기본 문장을 읽고 따라 쓰세요.

활을 쏜다.

이를 닦는다.

배를 탄다.

주스를 마신다.

다음 기본 문장을 읽고 따라 쓰세요.

활을 쏩니다.

이를 닦습니다.

배를 탑니다.

주스를 마십니다.

다음 기본 문장을 읽고 따라 쓰세요.

키가 크다.

종이가 가볍다.

지구가 둥글다.

토끼가 빠르다.

다음 기본 문장을 읽고 따라 쓰세요.

키가 큽니다.

종이가 가볍습니다.

지구가 둥급니다.

토끼가 빠릅니다.

다음 기본 문장을 읽고 따라 쓰세요.

밥이 맛있다.

가방이 무겁다.

장미꽃이 예쁘다.

얼음이 차갑다.

다음 기본 문장을 읽고 따라 쓰세요.

밥이 맛있습니다.

가방이 무겁습니다.

장미꽃이 예쁩니다.

얼음이 차갑습니다.

다음 기본 문장을 읽고 따라 쓰세요.

은행잎이 노랗다.

창문이 깨끗하다.

하늘이 파랗다.

연필이 길다.

다음 기본 문장을 읽고 따라 쓰세요.

은행잎이 노랗습니다.

창문이 깨끗합니다.

하늘이 파랗습니다.

연필이 깁니다.

다음 기본 문장을 읽고 따라 쓰세요.

사과는 과일이다.

지우개는 학용품이다.

고양이는 동물이다.

비둘기는 새이다.

다음 기본 문장을 읽고 따라 쓰세요.

사과는 과일입니다.

지우개는 학용품입니다.

고양이는 동물입니다.

비둘기는 새입니다.

다음 기본 문장을 읽고 따라 쓰세요.

 배추는 채소이다.

 나비는 곤충이다.

 치마는 옷이다.

 주스는 음료수이다.

다음 기본 문장을 읽고 따라 쓰세요.

배추는 채소입니다.

나비는 곤충입니다.

치마는 옷입니다.

주스는 음료수입니다.

다음 기본 문장을 읽고 따라 쓰세요.

사인펜은 필기도구이다.

튤립은 꽃이다.

샌들은 신발이다.

바이올린은 악기이다.

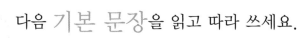
다음 기본 문장을 읽고 따라 쓰세요.

사인펜은 필기도구입니다.

튤립은 꽃입니다.

샌들은 신발입니다.

바이올린은 악기입니다.

다음 기본 문장을 읽고 따라 쓰세요.

가수가 노래를 부른다.

고양이가 병아리를 쫓는다.

호랑이가 고기를 먹는다.

화가가 그림을 그린다.

다음 기본 문장을 읽고 따라 쓰세요.

 가수가 노래를 부릅니다.

 고양이가 병아리를 쫓습니다.

 호랑이가 고기를 먹습니다.

 화가가 그림을 그립니다.

다음 기본 문장을 읽고 따라 쓰세요.

 야구 선수가 공을 던진다.

 오빠가 청소를 한다.

 토끼가 풀밭을 달린다.

 닭이 알을 낳는다.

다음 기본 문장을 읽고 따라 쓰세요.

야구 선수가 공을 던집니다.

오빠가 청소를 합니다.

토끼가 풀밭을 달립니다.

닭이 알을 낳습니다.

다음 기본 문장을 읽고 따라 쓰세요.

삼촌이 차를 탄다.

사냥꾼이 총을 쏜다.

동생이 동화책을 읽는다.

트럭이 도로를 달린다.

다음 기본 문장을 읽고 따라 쓰세요.

삼촌이 차를 탑니다.

사냥꾼이 총을 쏩니다.

동생이 동화책을 읽습니다.

트럭이 도로를 달립니다.

어울리는 꾸미는 말

제 2 장

다음 문장을 읽고 빈칸에 고쳐 쓰세요.

기차가 간다.

가는 기차

나비가 난다.

버스가 온다.

새가 운다.

[정답] 가는 기차, 나는 나비, 오는 버스, 우는 새

다음 문장을 읽고 빈칸에 고쳐 쓰세요.

기차가 달린다.

달리는 기차

나비가 앉는다.

버스가 선다.

새가 지저귄다.

[정답] 달리는 기차, 앉는 나비, 서는 버스, 지저귀는 새

다음 문장을 읽고 빈칸에 고쳐 쓰세요.

아기가 걷는다.

강아지가 잔다.

토끼가 뛴다.

자동차가 움직인다.

[정답] 걷는 아기, 자는 강아지, 뛰는 토끼, 움직이는 자동차

다음 문장을 읽고 빈칸에 고쳐 쓰세요.

아기가 운다.

강아지가 짖는다.

토끼가 숨는다.

자동차가 달린다.

[정답] 우는 아기, 짖는 강아지, 숨는 토끼, 달리는 자동차

다음 문장을 읽고 빈칸에 고쳐 쓰세요.

공이 구른다.

꽃이 핀다.

강물이 흐른다.

말이 달린다.

[정답] 구른다 운 '공, 핀다 운 '꽃, 흐른다 운 '강물, 달린다 운 '말

다음 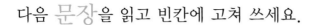 문장을 읽고 빈칸에 고쳐 쓰세요.

공이 튄다.

꽃이 진다.

강물이 출렁인다.

말이 소리친다.

[정답] 튀는 공, 지는 꽃, 출렁이는 강물, 소리치는 말

다음 문장을 읽고 빈칸에 고쳐 쓰세요.

키가 크다.

종이가 가볍다.

지구가 둥글다.

토끼가 빠르다.

다음 문장을 읽고 빈칸에 고쳐 쓰세요.

키가 작다.

종이가 무겁다.

지구가 파랗다.

토끼가 하얗다.

[정답] 키가 크다, 종이가 가볍다, 지구가 빨갛다, 토끼가 검다

다음 문장을 읽고 빈칸에 고쳐 쓰세요.

밥이 맛있다.

가방이 무겁다.

장미꽃이 예쁘다.

얼음이 차갑다.

다음 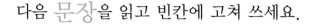문장을 읽고 빈칸에 고쳐 쓰세요.

밥이 달콤하다.

가방이 가볍다.

장미꽃이 빨갛다.

얼음이 투명하다.

다음 문장을 읽고 빈칸에 고쳐 쓰세요.

은행잎이 노랗다.

창문이 깨끗하다.

하늘이 파랗다.

연필이 길다.

다음 문장을 읽고 빈칸에 고쳐 쓰세요.

은행잎이 파랗다.

창문이 더럽다.

하늘이 투명하다.

연필이 짧다.

어울리는 움직임말

01 어울리는 움직임말

빈칸에 알맞은 움직임말을 보기 에서 찾아 넣고, 다시 쓰세요.

보기 온다, 난다, 운다, 간다

기차가 (간다).

기차가 간다.

나비가 (   ).

버스가 (   ).

새가 (   ).

[정답] 간다, 기차가 간다, 난다, 나비가 난다, 온다, 버스가 온다, 운다, 새가 운다

빈칸에 알맞은 움직임말을 [보기] 에서 찾아 넣고, 다시 쓰세요.

[보기] 옵니다, 납니다, 웁니다, 갑니다

기차가 (갑니다).

기차가 갑니다.

나비가 (   ).

버스가 (   ).

새가 (   ).

빈칸에 알맞은 움직임말을 보기 에서 찾아 넣고, 다시 쓰세요.

보기 움직인다, 뛴다, 잔다, 걷는다

아기가 (   ).

강아지가 (   ).

토끼가 (   ).

차가 (   ).

[정답] 걷는다, 아기가 걷는다, 잔다, 강아지가 잔다, 뛴다, 토끼가 뛴다, 움직인다, 차가 움직인다

빈칸에 알맞은 움직임말을 보기 에서 찾아 넣고, 다시 쓰세요.

보기 움직입니다, 뜁니다, 잡니다, 걷습니다

아기가 (   ).

강아지가 (   ).

토끼가 (   ).

차가 (   ).

01 어울리는 움직임말

빈칸에 알맞은 움직임말을 [보기]에서 찾아 넣고, 다시 쓰세요.

[보기] 구른다, 달린다, 핀다, 흐른다

공이 (　　　　　).

꽃이 (　　　　　).

냇물이 (　　　　　).

말이 (　　　　　).

빈칸에 알맞은 움직임말을 보기 에서 찾아 넣고, 다시 쓰세요.

보기   구릅니다, 달립니다, 핍니다, 흐릅니다

공이 (   ).

꽃이 (   ).

냇물이 (   ).

말이 (   ).

빈칸에 알맞은 움직임말을 보기 에서 찾아 넣고, 다시 쓰세요.

보기 찬다, 먹는다, 쓴다, 그린다

공을 (   ).

글을 (   ).

꽃을 (   ).

밥을 (   ).

[정답] 찬다, 공을 찬다, 쓴다, 글을 쓴다, 그린다, 꽃을 그린다, 먹는다, 밥을 먹는다

빈칸에 알맞은 움직임말을 보기 에서 찾아 넣고, 다시 쓰세요.

보기   그립니다, 씁니다, 찹니다, 먹습니다

공을 (   ).

┌─────────────────────────────────┐
│   │
│   │
└─────────────────────────────────┘

글을 (   ).

┌─────────────────────────────────┐
│   │
│   │
└─────────────────────────────────┘

꽃을 (   ).

┌─────────────────────────────────┐
│   │
│   │
└─────────────────────────────────┘

밥을 (   ).

┌─────────────────────────────────┐
│   │
│   │
└─────────────────────────────────┘

나ᄀᆞ스력 력ᄉᆞᆸ머 나ᄀᆞ스력 나ᄀᆞᆷᄃ력쫓 나ᄀᆞᆷᄃ 나ᄀᆞᆹ력른 나ᄀᆞᆹ 나ᄀᆞ력은 나ᄀᆞᆹ [답]

빈칸에 알맞은 움직임말을 보기 에서 찾아 넣고, 다시 쓰세요.

보기 입는다, 씻는다, 본다, 읽는다

손을 (　　　　　).

옷을 (　　　　　).

그림을 (　　　　　).

책을 (　　　　　).

[정답] 씻는다, 손을 씻는다, 입는다, 옷을 입는다, 본다, 그림을 본다, 읽는다, 책을 읽는다

빈칸에 알맞은 움직임말을 [보기] 에서 찾아 넣고, 다시 쓰세요.

[보기] 읽습니다, 봅니다, 입습니다, 씻습니다

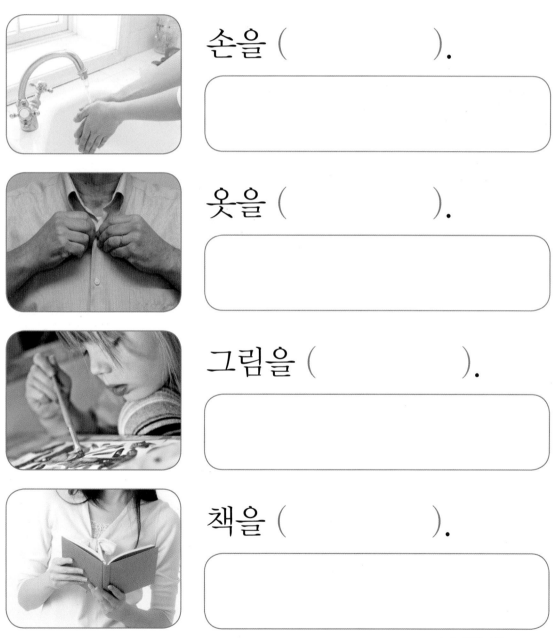

손을 (　　　　　　).

옷을 (　　　　　　).

그림을 (　　　　　　).

책을 (　　　　　　).

[정답] 손을 씻습니다, 옷을 입습니다, 그림을 봅니다, 책을 읽습니다.
책을 읽습니다

빈칸에 알맞은 움직임말을 보기 에서 찾아 넣고, 다시 쓰세요.

보기 탄다, 쏜다, 마신다, 닦는다

활을 ( ).

이를 ( ).

배를 ( ).

주스를 ( ).

[정답] 활을 쏜다, 활을 쏜다, 이를 닦는다, 이를 닦는다, 배를 탄다, 배를 탄다, 주스를 마신다, 주스를 마신다

빈칸에 알맞은 움직임말을 [보기] 에서 찾아 넣고, 다시 쓰세요.

[보기] 마십니다, 탑니다, 닦습니다, 쏩니다

활을 (   ).

이를 (   ).

배를 (   ).

주스를 (   ).

[정답] 활을 쏩니다, 이를 닦습니다, 배를 탑니다, 주스를 마십니다.

어울리는 모양말

제 4 장

빈칸에 알맞은 모양말을 보기 에서 찾아 넣고, 다시 쓰세요.

보기 가늘다, 굵다, 가깝다, 멀다

가지가 (굵다).

가지가 굵다.

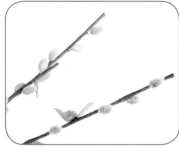

가지가 (　　　　　).

학교가 (　　　　　).

학교가 (　　　　　).

[정답] 굵다, 가지가 굵다, 가늘다, 가지가 가늘다, 멀다, 학교가 멀다, 가깝다, 학교가 가깝다

빈칸에 알맞은 모양말을  보기 에서 찾아 넣고, 다시 쓰세요.

보기 가볍다, 무겁다, 얇다, 두껍다

역기가 (   ).

역기가 (   ).

동화책이 (   ).

동화책이 (   ).

빈칸에 알맞은 모양말을 [보기] 에서 찾아 넣고, 다시 쓰세요.

[보기] 길다, 짧다, 깊다, 얕다

연필이 ( ).

연필이 ( ).

물이 ( ).

물이 ( ).

[정답] 짧다, 연필이 짧다, 길다, 연필이 길다, 얕다, 물이 얕다, 깊다, 물이 깊다.

빈칸에 알맞은 모양말을 에서 찾아 넣고, 다시 쓰세요.

보기 깨끗하다, 더럽다, 낮다, 높다

아파트가 (   ).

초가집이 (   ).

유리창이 (   ).

유리창이 (   ).

빈칸에 알맞은 모양말을 보기 에서 찾아 넣고, 다시 쓰세요.

보기 넓다, 좁다, 느리다, 빠르다

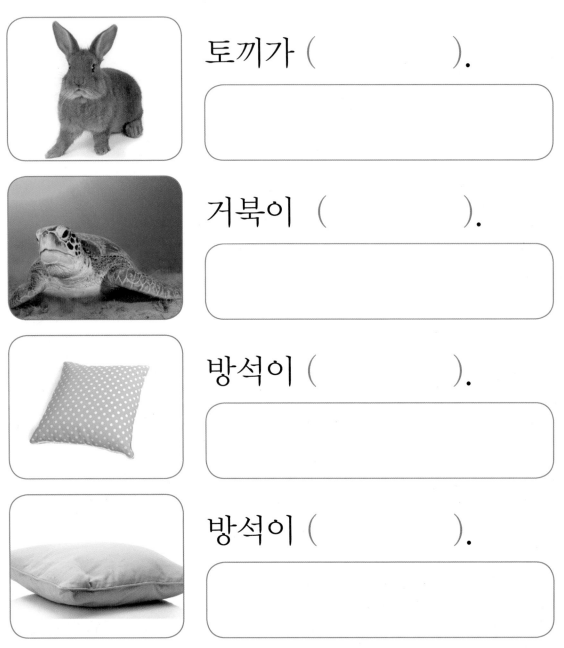

토끼가 (   ).

거북이 (   ).

방석이 (   ).

방석이 (   ).

빠르다. 토끼가 빠르다. 느리다. 거북이 느리다. 좁다. 방석이 좁다. 넓다. 방석이 넓다. [정답]

빈칸에 알맞은 모양말을 보기 에서 찾아 넣고, 다시 쓰세요.

보기 덥다, 춥다, 뜨겁다, 차갑다

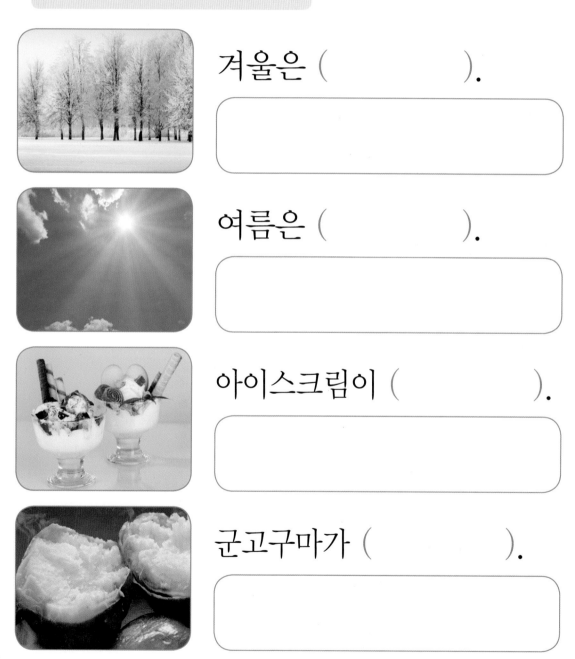

겨울은 (   ).

여름은 (   ).

아이스크림이 (   ).

군고구마가 (   ).

빈칸에 알맞은 모양말을 보기에서 찾아 넣고, 다시 쓰세요.

보기 밝다, 어둡다, 쉽다, 어렵다

문제가 (   ).

문제가 (   ).

방이 (   ).

방이 (   ).

[정답] 밝다, 문제가 쉽다, 쉽다, 방이 밝다, 어렵다, 문제가 어렵다, 방이 어둡다, 어둡다

빈칸에 알맞은 모양말을 보기 에서 찾아 넣고, 다시 쓰세요.

보기 많다, 적다, 작다, 크다

꽃이 ( ).

꽃이 ( ).

코끼리가 ( ).

생쥐가 ( ).

빈칸에 알맞은 **모양말**을 보기 에서 찾아 넣고, 다시 쓰세요.

보기 가늘은, 굵은, 가까운, 먼

(굵은) 가지.

굵은 가지

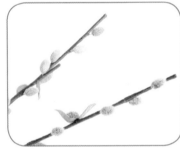

(　　　) 가지.

(　　　) 학교.

(　　　) 학교.

빈칸에 알맞은 모양말을  에서 찾아 넣고, 다시 쓰세요.

보기 가벼운, 무거운, 얇은, 두꺼운

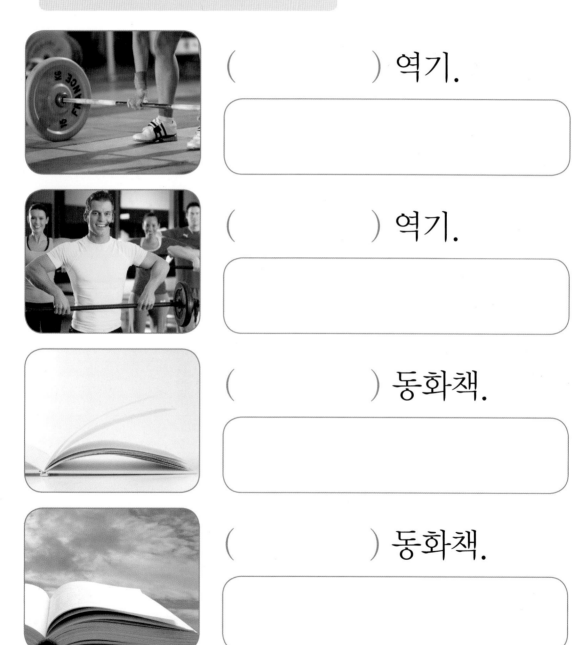

(   ) 역기.

(   ) 역기.

(   ) 동화책.

(   ) 동화책.

02 어울리는 모양말

빈칸에 알맞은 **모양말**을 보기에서 찾아 넣고, 다시 쓰세요.

보기 긴, 짧은, 깊은, 얕은

(　　　) 연필.

(　　　) 연필.

(　　　) 냇물.

(　　　) 강물.

정답 [정답] 짧은, 깊은, 깊은, 깊은, 깊은, 긴, 긴, 냇물, 얕은, 얕은, 강물, 깊은, 깊은 강물

빈칸에 알맞은 **모양말**을 보기 에서 찾아 넣고, 다시 쓰세요.

보기 깨끗한, 더러운, 낮은, 높은

(　　　　) 아파트.

(　　　　) 초가집.

(　　　　) 유리창.

(　　　　) 유리창.

빈칸에 알맞은 모양말을 보기에서 찾아 넣고, 다시 쓰세요.

보기 넓은, 좁은, 느린, 빠른

(　　　　) 토끼.

(　　　　) 거북.

(　　　　) 방석.

(　　　　) 방석.

빈칸에 알맞은 모양말을 [보기] 에서 찾아 넣고, 다시 쓰세요.

[보기] 더운, 추운, 뜨거운, 차가운

(　　　　) 겨울.

(　　　　) 여름.

(　　　　) 아이스크림.

(　　　　) 군고구마.

[정답] 추운 겨울, 추운 겨울, 더운 여름, 더운 여름, 차가운 아이스크림, 차가운 아이스크림, 뜨거운 군고구마, 뜨거운 군고구마

빈칸에 알맞은 모양말을 보기 에서 찾아 넣고, 다시 쓰세요.

보기 밝은, 어두운, 쉬운, 어려운

(   ) 문제.

(   ) 문제.

(   ) 방.

(   ) 방.

[정답] 쉬운, 쉬운 문제. 어려운, 어려운 문제. 어두운, 어두운 방. 밝은, 밝은 방.

빈칸에 알맞은 **모양말**을 보기 에서 찾아 넣고, 다시 쓰세요.

보기 **많은, 적은, 큰, 작은**

(   ) 꽃.

(   ) 꽃.

(   ) 코끼리.

(   ) 생쥐.

헷갈리는 말

제 5 장

빈칸에 알맞은 헷갈리는 말을 보기 에서 찾아 넣고, 다시 쓰세요.

보기 나르다, 날다

나비가 하늘을 (날다).

나비가 하늘을 날다.

삼촌이 짐을 (   ).

개미가 먹이를 (   ).

비행기가 하늘을 (   ).

[정답] 나비가 하늘을 날다, 나르다, 삼촌이 짐을 나르다, 날다, 개미가 먹이를 나르다, 날다, 비행기가 하늘을 날다.

빈칸에 알맞은 헷갈리는 말을 [보기] 에서 찾아 넣고, 다시 쓰세요.

[보기] 젓다(단음), 젖다(장음)

맛있는 커피를 (   ).

비에 옷이 (   ).

땀으로 흠뻑 (   ).

죽을 섞기 위해 (   ).

01 헷갈리는 말

빈칸에 알맞은 헷갈리는 말을 보기 에서 찾아 넣고, 다시 쓰세요.

보기 들르다, 들리다

병원에 (　　　　).

_____

목소리가 (　　　　).

_____

피아노 소리가 (　　　　).

_____

가게에 (　　　　).

_____

빈칸에 알맞은 헷갈리는 말을 [보기] 에서 찾아 넣고, 다시 쓰세요.

아기 손이 (   ).

그릇의 밥이 (   ).

종이의 크기가 (   ).

주스의 양이 (   ).

빈칸에 알맞은 헷갈리는 말을 보기 에서 찾아 넣고, 다시 쓰세요.

보기 **부치다, 붙이다**

봉투를 (   ).

편지를 (   ).

소포를 (   ).

두 장의 종이를 (   ).

빈칸에 알맞은 헷갈리는 말을 [보기]에서 찾아 넣고, 다시 쓰세요.

[보기] 너머, 넘어

고개 (　　　　) 우리 마을.

담을 (　　　) 가는 도둑.

우리는 산을 (　　　) 갔다.

강을 (　　　　) 보이는 집.

[정답] 너머, 고개 너머 우리 마을. 넘어, 담을 넘어 가는 도둑. 넘어, 우리는 산을 넘어 갔다. 너머, 강을 너머 보이는 집.

빈칸에 알맞은 헷갈리는 말을 보기 에서 찾아 넣고, 다시 쓰세요.

보기 매다(단음) , 메다(장음)

운동화 끈을 (   ).

어깨에 짐을 (   ).

총을 (   ).

소를 말뚝에 (   ).

[정답] 매다. 공동화 끈을 매다. 매다. 어깨에 짐을 메다. 메다. 총을 메다. 메다. 소를 말뚝에 매다.

빈칸에 알맞은 헷갈리는 말을 보기 에서 찾아 넣고, 다시 쓰세요.

보기 낫다(장음), 낮다(단음)

우리 마을 산이 (　　　　).

아픈 목이 (　　　　).

병이 깨끗이 (　　　　).

지붕이 (　　　　).

빈칸에 알맞은 헷갈리는 말을 보기 에서 찾아 넣고, 다시 쓰세요.

보기 장수, 장사

아저씨는 (   )입니다.

사과 (   )를 합니다.

삼촌은 생선 (   )입니다.

(   )가 잘 되어 돈을 벌었습니다.

[정답] 장수, 아저씨는 장수입니다. 장사, 사과 장사를 합니다. 장수, 삼촌은 생선 장수입니다. 장사, 장사가 잘 되어 돈을 벌었습니다.

92 외국인을 위한 기초 **한글배우기 ❷ 문장편**

빈칸에 알맞은 헷갈리는 말을 보기 에서 찾아 넣고, 다시 쓰세요.

보기 달다, 닳다

오래된 옷이 (   ).

맛있는 사탕이 (   ).

꿀이 (   ).

신발이 (   ).

[정답] 닳다. 오래된 옷이 닳다. 달다. 맛있는 사탕이 달다. 꿀이 달다. 달다. 신발이 닳다. 닳다.

빈칸에 알맞은 헷갈리는 말을 보기 에서 찾아 넣고, 다시 쓰세요.

보기 때, 떼

새 (　　　)가 하늘을 난다.

그릇을 씻고 있을 (　　　).

친구들이 (　　)로 몰려다닌다.

점심(　　　)가 되었다.

빈칸에 알맞은 헷갈리는 말을 보기 에서 찾아 넣고, 다시 쓰세요.

보기 낫, 낮

 ( )으로 풀을 베었다.

 ( )에 사람들이 일한다.

 ( )에 해가 쨍쨍 뜬다.

 숫돌에 ( )을 갈았다.

빈칸에 알맞은 헷갈리는 말을 보기 에서 찾아 넣고, 다시 쓰세요.

보기 잊다, 잃다

나쁜 기억을 (　　　　).

중요한 약속을 (　　　　).

예쁜 가방을 (　　　　).

산속에서 길을 (　　　　).

빈칸에 알맞은 헷갈리는 말을 보기 에서 찾아 넣고, 다시 쓰세요.

보기 읽다, 익다

감이 주황색으로 (   ).

위인전을 재미있게 (   ).

친구가 보낸 편지를 (   ).

군고구마가 잘 (   ).

빈칸에 알맞은 헷갈리는 말을 [보기]에서 찾아 넣고, 다시 쓰세요.

[보기] **잇다, 있다**

끊어진 다리를 ( ).

필통에 연필이 ( ).

짧은 끈을 ( ).

나에게 예쁜 동생이 ( ).

[정답] 잇다, 끊어진 다리를 잇다, 있다, 필통에 연필이 있다, 잇다, 짧은 끈을 잇다, 있다, 나에게 예쁜 동생이 있다.

빈칸에 알맞은 헷갈리는 말을 보기 에서 찾아 넣고, 다시 쓰세요.

보기 세다, 새다

 씨름 선수는 힘이 (   ).

 구멍에서 물이 (   ).

 선풍기의 바람이 (   ).

 풍선의 바람이 (   ).

[정답] 씨름 선수는 힘이 세다. 세다. 구멍에서 물이 새다. 새다. 선풍기의 바람이 세다. 세다. 풍선의 바람이 새다.

빈칸에 알맞은 헷갈리는 말을 보기 에서 찾아 넣고, 다시 쓰세요.

보기 피다, 펴다

봄이 되어 꽃이 (   ).

접은 종이를 (   ).

보자기를 (   ).

꽃봉오리에서 꽃이 (   ).

[정답] 피다, 봄이 되어 꽃이 피다. 펴다, 접은 종이를 펴다. 펴다, 보자기를 펴다.
피다, 꽃봉오리에서 꽃이 피다.

빈칸에 알맞은 헷갈리는 말을 보기 에서 찾아 넣고, 다시 쓰세요.

보기 찢다, 찧다

방아를 ( ).

종이를 ( ).

무거운 짐이 발등을 ( ).

다 본 책을 ( ).

육하원칙

제
6
장

다음 물음을 읽고 답하세요.

김철수

누구입니까?

김철수입니다.

이보람

누구입니까?

노해민

누구입니까?

박소라

누구입니까?

다음 물음을 읽고 답하세요.

할아버지

누구입니까?

할머니

누구입니까?

아버지

누구입니까?

어머니

누구입니까?

[정답] 할아버지입니다. 할머니입니다. 아버지입니다. 어머니입니다.

다음 물음을 읽고 답하세요.

누나

누구입니까?

형

누구입니까?

동생

누구입니까?

아기

누구입니까?

다음 물음을 읽고 답하세요.

세종대왕

누구입니까?

이순신

누구입니까?

대통령

누구입니까?

경찰

누구입니까?

다음 물음을 읽고 답하세요.

Tomorrow

내일

언제 갑니까?

Day after tomorrow

모레

언제 갑니까?

Today

오늘

언제 갑니까?

After a while

잠시 후에

언제 갑니까?

[정답] 내일 갑니다. 모레 갑니다. 오늘 갑니다. 잠시 후에 갑니다.

다음 물음을 읽고 답하세요.

Tomorrow
내일

언제 옵니까?

Day after tomorrow
모레

언제 옵니까?

Today
오늘

언제 옵니까?

After a while
잠시 후에

언제 옵니까?

[정답] 내일 옵니다, 모레 옵니다, 오늘 옵니다, 잠시 후에 옵니다.

다음 물음을 읽고 답하세요.

Tomorrow
내일

언제 봅니까?

내일 봅니다.

Day after tomorrow
모레

언제 봅니까?

Today
오늘

언제 봅니까?

After a while
잠시 후에

언제 봅니까?

[정답] 내일 봅니다. 모레 봅니다. 오늘 봅니다. 잠시 후에 봅니다.

다음 물음을 읽고 답하세요.

Tomorrow

내일

언제 끝납니까?

Day after tomorrow

모레

언제 끝납니까?

Today

오늘

언제 끝납니까?

After a while

잠시 후에

언제 끝납니까?

[정답] 내일 끝납니다. 모레 끝납니다. 오늘 끝납니다. 잠시 후에 끝납니다.

다음 물음을 읽고 답하세요.

공원

어디에서 합니까?

집

어디에서 합니까?

영화관

어디에서 합니까?

운동장

어디에서 합니까?

[정답] 공원에서 합니다. 집에서 합니다. 영화관에서 합니다. 운동장에서 합니다.

다음 물음을 읽고 답하세요.

예식장

어디에서 합니까?

학교

어디에서 합니까?

놀이터

어디에서 합니까?

회관

어디에서 합니까?

[정답] 예식장에서 합니다. 학교에서 합니다. 놀이터에서 합니다. 회관에서 합니다.

다음 물음을 읽고 답하세요.

시장

어디에서 합니까?

산

어디에서 합니까?

논

어디에서 합니까?

호수

어디에서 합니까?

[정답] 시장에서 합니다. 산에서 합니다. 논에서 합니다. 호수에서 합니다.

다음 물음을 읽고 답하세요.

부엌

어디에서 합니까?

거실

어디에서 합니까?

방

어디에서 합니까?

목욕탕

어디에서 합니까?

다음 물음을 읽고 답하세요.

등산

무엇을 합니까?

운전

무엇을 합니까?

일

무엇을 합니까?

줄넘기

무엇을 합니까?

[정답] 등산을 합니다. 운전을 합니다. 일을 합니다. 줄넘기를 합니다.

다음 물음을 읽고 답하세요.

노래

무엇을 합니까?

체조

무엇을 합니까?

무용

무엇을 합니까?

공부

무엇을 합니까?

[정답] 노래를 합니다, 체조를 합니다, 무용을 합니다, 공부를 합니다.

다음 물음을 읽고 답하세요.

축구

무엇을 합니까?

배구

무엇을 합니까?

야구

무엇을 합니까?

탁구

무엇을 합니까?

[정답] 축구를 합니다. 배구를 합니다. 야구를 합니다. 탁구를 합니다.

다음 물음을 읽고 답하세요.

요리

무엇을 합니까?

청소

무엇을 합니까?

낚시

무엇을 합니까?

수영

무엇을 합니까?

[정답] 요리를 합니다. 청소를 합니다. 낚시를 합니다. 수영을 합니다.

다음 물음을 읽고 답을 따라 쓰세요.

왜 운동을 합니까?

건강하려고요.

왜 청소를 합니까?

깨끗하게 하려고요.

왜 책을 읽습니까?

재미있기 때문에요.

왜 이불을 펼칩니까?

잠을 자려고요.

다음 물음을 읽고 답을 따라 쓰세요.

왜 가방을 멥니까?

학교 가려고요.

왜 크레파스를 찾습니까?

그림을 그리려고요.

왜 빵을 삽니까?

먹으려고요.

왜 병원에 갑니까?

아파서요.

다음 물음을 읽고 답을 따라 쓰세요.

왜 산에 오릅니까?

> 운동을 하려고요.

왜 선물을 삽니까?

> 친구에게 주려고요.

왜 시장에 갑니까?

> 물건을 사려고요.

왜 바다에 왔습니까?

> 구경을 하려고요.

다음 물음을 읽고 답을 따라 쓰세요.

왜 요리를 합니까?

먹으려고요.

왜 비행기를 탑니까?

여행하려고요.

왜 강아지를 삽니까?

키우려고요.

왜 꽃을 삽니까?

선물하려고요.

다음 물음을 읽고 답을 따라 쓰세요.

나비가 어떻게 합니까?

나비가 납니다.

새가 어떻게 합니까?

새가 웁니다.

아기가 어떻게 합니까?

아기가 걷습니다.

토끼가 어떻게 합니까?

토끼가 뜁니다.

다음 물음을 읽고 답을 따라 쓰세요.

강아지가 어떻게 합니까?

강아지가 잡니다.

꽃이 어떻게 합니까?

꽃이 핍니다.

말이 어떻게 합니까?

말이 달립니다.

버스가 어떻게 합니까?

버스가 옵니다.

다음 물음을 읽고 답을 따라 쓰세요.

공을 어떻게 합니까?

공을 찹니다.

손을 어떻게 합니까?

손을 씻습니다.

옷을 어떻게 합니까?

옷을 입습니다.

책을 어떻게 합니까?

책을 읽습니다.

다음 물음을 읽고 답을 따라 쓰세요.

활을 어떻게 합니까?

활을 쏩니다.

이를 어떻게 합니까?

이를 닦습니다.

배를 어떻게 합니까?

배를 탑니다.

주스를 어떻게 합니까?

주스를 마십니다.

문장 부호

문장 부호는 문장의 뜻을 돕거나 문장을 구별하여 읽고 알아보기 쉽게 하기 위하여 쓰이는 부호입니다.

1. 마침표(.)

　(1) 설명하는 말이 끝날 때 쓴다.
　　　예 나는 인형을 좋아한다. 공부를 열심히 해라. 학교에 가자.

　(2) 제목이나 표어에는 쓰지 않는다.
　　　예 압록강은 흐른다(표제어)　꺼진 불도 다시 보자(표어)

　(3) 풀이하는 문장, 시키는 문장, 권유하는 문장의 뒤에 쓴다.

　　　예 장미꽃이 아름답다. 청소를 하시오. 청소를 합시다.

　(4) 아라비아 숫자만으로 연월일을 표시할 적에 쓴다.
　　　예 1919. 3. 1.(1919년 3월 1일)

2. 물음표(?)

　(1) 의심이나 물음을 나타낸다.
　　　예 언제 오니?　어디 가니?

3. 느낌표(!)

　(1) 감탄이나 놀람, 부르짖음 등 강한 느낌을 나타낼 때 쓴다.
　　　예 앗!　아, 꽃이 정말 예쁘구나!

　(2) 강한 명령문 또는 청유문에 쓴다.
　　　예 지금 즉시 대답해! 부디 몸조심하도록!

　(3) 감정을 넣어 다른 사람을 부르거나 대답할 때에 쓴다.
　　　예 예 경수야! 예, 도련님!

　(4) 물음의 말로써 놀람이나 항의의 뜻을 나타내는 경우에 쓴다.
　　　예 이게 누구야!　내가 어때서!

4. 쉼표(,) ⊞

(1) 문장 안에서 짧은 쉼을 나타낼 때 쓴다.
예 순이도 달렸고, 민수도 달렸다.

(2) 같은 자격의 어구가 열거될 때에 쓴다.
예 전자레인지, 커피포트, 텔레비전은 가전제품이다.

(3) 바로 다음의 말을 꾸미지 않을 때에 쓴다.
예 슬픈 사연을 간직한, 경주 불국사의 무영탑

(4) 부르는 말이나 대답하는 말 뒤에 쓴다.
예 민수야, 이리 오너라.   예, 지금 갈게요.

(5) 제시어 다음에 쓴다.
예 버섯, 이것을 다 먹을 수 있는 것은 아니다.

5. 가운뎃점(·) ⊞

(1) 쉼표로 열거된 어구가 다시 여러 단위로 나누어질 때에 쓴다.
예 미수·길영, 철현·두준이가 서로 팀이 되어 게임을 하였다.

(2) 특정한 의미를 가지는 날을 나타내는 숫자에 쓴다.
예 3·1 운동, 8·15 광복

(3) 같은 계열의 단어 사이에 쓴다.
예 경북·경남 두 도를 합하여 경상도라고 한다.

6. 쌍점(:) ⊞

(1) 포함되는 종류를 들 적에 쓴다.
예 문방사우 : 붓, 먹, 벼루, 종이

(2) 시와 분, 장과 절 따위를 구별할 때나, 둘 이상을 대비할 때에 쓴다.
예 오전 9:10(오전 9시 10분)   마가복음 4:12(마가복음 4장 12절)

7. 큰따옴표(" ")

(1) 글 가운데서 직접 대화를 표시할 때에 쓴다.

> 예 "전기가 없었을 때는 어떻게 책을 보았을까?"

(2) 남의 말을 인용할 경우에 쓴다.

> 예 예로부터 "하늘은 노력하는 자를 돕는다."라고 하였다.

8. 작은따옴표(' ')

(1) 따온 말 가운데 다시 따온 말이 들어 있을 때에 쓴다.

> 예 "정수야, '개천에서 용난다.'고 하잖아."

(2) 마음 속으로 한 말을 적을 때에 쓴다.

> 예 '만약 내가 이런 모습으로 돌아간다면 모두들 깜짝 놀라겠지.'

9. 말줄임표(……)

(1) 할 말을 줄였을 때에 쓴다.

> 예 "좋아, 그렇다면 ……." 하고 할 말을 하지 않았다.

(2) 말이 없음을 나타낼 때에 쓴다.

> 예 "나에게 말해 줄 수 있니?"
> "……."

다음 문장 부호를 생각하며 글을 읽어 보세요.

거북이가 엉금엉금 기어갑니다.

적절한 곳에 마침표를 써 넣으세요.

	사	과	는		과	일	입	니	다	.	

	토	끼	가		깡	충	깡	충		뛰	어
갑	니	다	.								

	나	비	가		팔	랑	팔	랑		날	아
갑	니	다	.								

	한		아	이	가		그	네	를		타
고		있	습	니	다	.					

	문	구	점	에	서		지	우	개		한
개	만		사		오	너	라	.			

	우	리		같	이		청	소	를		하
자	.										

다음 문장 부호를 생각하며 글을 읽어 보세요.

진수야, 어디 가니?

적절한 곳에 물음표를 써 넣으세요.

	그		동	화	책		재	미	있	니	?

	어	머	니	께	서	는		건	강	히	
계	시	니	?								

	우	유	를		어	디	에		두	었	습
니	까	?									

	제	가		무	엇	을		도	와	드	릴
까	요	?									

	현	빈	이	가		어	디	로		갔	나
요	?										

	삼	촌	은		언	제		우	리	집	에
오	십	니	까	?							

다음 문장 부호를 생각하며 글을 읽어 보세요.

장미꽃이 너무 아름다워!

적절한 곳에 느낌표를 써 넣으세요.

	정	말		슬	프	구	나	!			

	그		영	화	는		정	말		감	동
적	이	었	어	!							

	밤	하	늘	의		별	이		정	말	
아	름	답	게		반	짝	거	려	!		

	배	가		너	무		아	파	!		

	숲	속	의		호	랑	이	가		너	무
무	서	웠	어	!							

	엄	마	,	오	늘	의		요	리	가	
최	고	로		맛	있	었	어	요	!		

	아	이	구	,	깜	짝	이	야		!	

다음 문장 부호를 생각하며 글을 읽어 보세요.

경수야, 이리 와.

적절한 곳에 쉼표를 써 넣으세요.

	민	철	아	,		어	디		가	니	?	

	먼	저		토	끼	가		달	렸	고	,
다	음	에		거	북	이		달	렸	다	.

	야	구	공	,		배	구	공	,		배	드	민
턴	공	은		모	두		둥	글	다	.		

	아	름	답	기	로		유	명	한	,	가
난	한		가	정	의		딸	.			

	사	과	,	이	것	은		과	일		중
의		최	고		맛	이	다	.			

	라	디	오	,	텔	레	비	전	,	오	디
오	는		가	전	제	품	이	다	.		

 05 문장 부호 - 가운뎃점(·)

다음 문장 부호를 생각하며 글을 읽어 보세요.

3 · 1 운동을 기념하기 위해 태극기를 달았다.

적절한 곳에 가운뎃점을 써 넣으세요.

	8	·	15	일	은		광	복	절	이	다	.
	미	라	·	보	람	,	철	수	·	대	영	
이	가		팀	이		되	었	습	니	다	.	
	전	북	·	전	남	을		합	하	여		
전	라	도	라		부	릅	니	다	.			
	3	월		1	일	은		3	·	1		운
동	이		일	어	난		날	입	니	다	.	
	동	물	·	식	물	을		아	울	러		
동	식	물	이	라		부	릅	니	다	.		
	동	사	·	형	용	사	를		합	하	여	
용	언	이	라		한	다	.					

다음 문장 부호를 생각하며 글을 읽어 보세요.

문방사우 : 붓, 먹, 벼루, 종이

적절한 곳에 쌍점을 써 넣으세요.

	일	시	:	2	월		13	일		10	시
	문	장		부	호	:	마	침	표	,	물
음	표	,	쉼	표	,	느	낌	표		등	.
	물	음	표	:	의	심	이	나		물	음
을		나	타	낼		때		쓴	다	.	
	정	약	용	:	목	민	심	서	,	경	세
유	표	.									
	마	가		4	:	12	(	마	가	복	음
4	장		12	절	)						
	13	:	11	(	13	대		11	)		
	오	전		9	:	30					

다음 문장 부호를 생각하며 글을 읽어 보세요.

"거기 서라."라고
소리쳤습니다.

적절한 곳에 큰따옴표를 써 넣으세요.

	"	나		좀		도	와		줘	.	"
	"	사	람	은		사	회	적		동	물
이	다	.	"	라	고		말	했	다	.	

	"	누	구	야	?	라	고		크	게	
소	리	쳤	습	니	다	.	"				

	"	어	디		가	니	?	"			
	"	삼	촌	댁	에		간	다	.	"	

	"	같	이		놀	자	.	"			
	"	그	래	,	어	디	서	?	"		

	"	예	로	부	터		민	심	은		천
심	이	다	.	라	고		했	단	다	.	"

다음 문장 부호를 생각하며 글을 읽어 보세요.

"음식은 '맛을 봐야 안다.' 라고 했지."

적절한 곳에 작은따옴표를 써 넣으세요.

	"	미	림	아	,		'	개	천	에	서	
	용	난	다	.	고		하	잖	아	.	"	

	'	내	가		갑	자	기		나	타	나	
	면		친	구	들	이		깜	짝		놀	
	라	겠	지	.	'							

| | 지 | 금 | | 우 | 리 | 에 | 게 | | 꼭 | | 필 | |
| 요 | 한 | | 것 | 은 | | | ' | 빵 | ' | 이 | 야 | . |

| | 지 | 금 | | 우 | 리 | 가 | | 할 | | 일 | 은 | |
| | ' | 공 | 부 | ' | 야 | . | | | | | | |

| | ' | 꼭 | | 시 | 험 | 에 | | 합 | 격 | 하 | 겠 | |
| | 다 | . | ' | 고 | | 마 | 음 | 먹 | 었 | 다 | . | |

09 문장 부호 – 말줄임표(……)

다음 문장 부호를 생각하며 글을 읽어 보세요.

"그래, 나하고 한 판……."
라고 현빈이가 말했다.

적절한 곳에 말줄임표를 써 넣으세요.

	수	철	이	가		빨	리		말	했	다.
	"	빨	리		와	야		해	.	"	
	"	…	…	.	"						
	수	철	이	의		말	에		보	라	는
말	이		없	었	다	.					

	"	네	가	…	내		공	책	을		이
렇	게		…	…	.	"					

	"	아	리	랑		아	리	랑	, …	…	. "
	노	래		부	르	던		미	영	이	가
노	래	를		멈	추	었	습	니	다	.	

고사성어(故事成語)는 동양의 역사와 철학이 집약된 것으로 생각할 수 있다. 우리는 그 고사(故事)를 통하여 많은 것을 배우고 지식을 얻을 수가 있으며, 이 속에는 인간의 흥망성쇠와 처세, 사상, 운명, 윤리가 담겨 있다.

또한 해학과 풍자까지도 섞여 있어서 그 진가가 더욱더 빛을 발하는 말들이다. 우리에게 있어서 고사(故事)는 서양문화의 그리스, 로마신화 이상일 수 있다. 이러한 정신적 바탕이 되었던 우리 문화의 뿌리를 우리는 서양문물의 홍수로 잠시 잊었고 멀리하는 듯했었다.

그러나 오늘의 우리는 잠시도 잊을 수 없는 소중한 문화유산 임을 자각하고 '고사(故事)'와 우리 선조들이 많이 사용하던 '성어(成語)', '속담(俗談)'들을 다시 힘써 익히려 하고 있다.

독자 여러분의 유익한 성과를 기대하면서 'K-한글'의 한글 관련 도서를 애용하는 것에 대하여 깊은 감사를 드립니다.

홍익교육 권 용 선

01 부록 – 고사성어

1. 가인박명(佳人薄命)

① 아름다운 여자는 불행이 많다는 말. 또는
② 사람이 다 좋은 것만 갖추지 못함을 이르는 말

2. 가화만사성(家和萬事成)

집안이 화목하면 모든 일이 잘 된다는 것을 이르는 말

3. 각골난망(刻骨難忘)

베풀어 준 은혜에 대한 고마움이 뼈에 새겨져 잊혀지지 않을 정도로 감사함을 이르는 말

4. 각주구검(刻舟求劍)

융통성이 없어 현실에 맞지 않는 낡은 생각을 고집하는 어리석음을 이르는 말.
– 초나라 사람이 배에서 칼을 물속에 떨어뜨리고 그 위치를 뱃전에 표시하였다가 나중에 배가 움직인 것을
  생각하지 않고 칼을 찾았다는 데서 유래

5. 감언이설(甘言利說)

① 귀가 솔깃하도록 남의 비위를 맞추거나 이로운 조건을 내세워 꾀는 말. 또는
② 달콤한 말

---

1. 감탄고토(甘呑苦吐)

달면 삼키고 쓰면 뱉는다는 뜻으로, 자신의 비위에 따라서 사리의 옳고 그름을 판단함을
이르는 말

2. 갑론을박(甲論乙駁)

여러 사람이 서로 자신의 주장을 내세우며 상대편의 주장을 반박함

3. 거두절미(去頭截尾)

머리와 꼬리를 자른다는 뜻으로, 사설을 빼고 요점만을 이르는 말

4. 격세지감(隔世之感)

오래지 않은 동안에 몰라보게 변하여 아주 다른 세상이 된 것 같은 느낌

5. 견물생심(見物生心)

어떠한 실물을 보게 되면 그것을 가지고 싶은 욕심이 생긴다는 뜻

1. 견원지간(犬猿之間)

개와 원숭이의 사이라는 뜻으로, 사이가 매우 나쁜 두 사람의 관계를 비유적으로 이르는 말

2. 결자해지(結者解之)

맺은 사람이 풀어야 한다는 뜻으로, 자기가 저지른 일은 자기가 해결하여야 함을 이르는 말

3. 결초보은(結草報恩)

죽은 뒤에라도 은혜를 잊지 않고 갚음을 이르는 말.
– 중국 춘추시대에 진나라의 위과가 아버지가 세상을 떠난 후에 시모를 개가(改嫁)시켜 순사하시 않게 하였더니, 그 뒤 싸움터에서 그 서모 아버지의 혼이 적군의 앞길에 풀을 묶어 적을 넘어뜨려 위과가 공을 세울 수 있도록 하였다는 고사에서 유래

4. 경거망동(輕擧妄動)

가볍고 망령되게 행동한다는 뜻으로, 도리나 사정을 생각하지 아니하고 경솔하게 행동함을 이르는 말

5. 경국지색(傾國之色)

임금이 혹하여 나라가 기울어져도 모를 정도의 미인이라는 뜻으로, 뛰어나게 아름다운 미인을 이르는 말

---

1. 경천동지(驚天動地)

하늘을 놀라게 하고 땅을 뒤흔든다는 뜻으로, 세상을 몹시 놀라게 함을 비유적으로 이르는 말

2. 계구우후(鷄口牛後)

닭의 주둥이와 소의 꼬리라는 뜻으로, 큰 단체의 꼴찌보다는 작은 단체의 우두머리가 되는 것이 나음을 이르는 말

3. 계란유골(鷄卵有骨)

달걀에도 뼈가 있다는 뜻으로, 운수가 나쁜 사람은 모처럼 좋은 기회를 만나도 역시 일이 잘 안 됨을 이르는 말

4. 계륵(鷄肋)

삼국지에 나오는 조조의 한중정벌에서 유래된 말로, 닭의 갈비가 먹을 것은 없으나 버리기는 아깝다는 뜻으로, 버리기도 아깝고 취하기도 애매한 물건을 이르는 말

5. 고진감래(苦盡甘來)

쓴 것이 다하면 단 것이 온다는 뜻으로, 고생 끝에 즐거움이 옴을 이르는 말

1. 골육상잔(骨肉相殘)

부자나 형제 또는 같은 민족 간에 서로 싸우는 것을 비유적으로 이르는 말

2. 골육상쟁(骨肉相爭)

뼈와 살이 서로 다툰다는 뜻으로, 형제나 같은 민족끼리의 다툼을 나타내는 말

3. 공명정대(公明正大)

마음이 공평하고 사심이 없으며 밝고 큼을 나타내는 말

4. 과대망상(誇大妄想)

자신의 능력, 용모 따위의 현재 상태를 실제보다 턱없이 크게 과장하여 그것을 사실인 것처럼 믿는 일. 또는 그런 생각

5. 과유불급(過猶不及)

정도를 지나침은 미치지 못함과 같다는 뜻으로, 중용(中庸)이 중요함을 이르는 말

---

1. 괄목상대(刮目相對)

눈을 비비고 상대편을 본다는 뜻으로, 남의 학식이나 재주가 놀랄 만큼 부쩍 늚을 이르는 말

2. 구사일생(九死一生)

아홉 번 죽을 뻔하다 한 번 살아난다는 뜻으로, 죽을 고비를 여러 차례 넘기고 겨우 살아남을 이르는 말

3. 구우일모(九牛一毛)

아홉 마리의 소 가운데 박힌 하나의 털이란 뜻으로, 매우 많은 것 가운데 극히 적은 수를 이르는 말

4. 군계일학(群鷄一鶴)

닭의 무리 가운데에서 한 마리의 학이란 뜻으로, 많은 사람 가운데서 뛰어난 인물을 이르는 말

5. 궁여지책(窮餘之策)

궁한 나머지 생각다 못하여 짜낸 계책을 이르는 말

1. 권모술수(權謀術數)

목적 달성을 위하여 수단과 방법을 가리지 아니하는 온갖 모략이나 술책을 이르는 말

2. 권선징악(勸善懲惡)

착한 일은 권장하고 악한 일은 징계함을 이르는 말

3. 금상첨화(錦上添花)

비단 위에 꽃을 더한다는 뜻으로, 좋은 일 위에 또 좋은 일이 더하여짐을 비유적으로 이르는 말

4. 금의환향(錦衣還鄉)

비단옷을 입고 고향에 돌아온다는 뜻으로, 출세를 하여 고향에 돌아가거나 돌아옴을 비유적으로 이르는 말

5. 금지옥엽(金枝玉葉)

금으로 된 가지와 옥으로 된 잎이라는 뜻으로, 임금의 자손이나 매우 귀한 집의 자손을 이르는 말

---

1. 기우(杞憂)

중국의 주왕조 시대, 기(杞)나라에 어떤 사람이 하늘이 무너지지 않을까 걱정했다는 고사에서
유래한 말로, 쓸데없이 걱정과 근심을 하는 것을 이르는 말

2. 난공불락(難攻不落)

힘써 공격해도 함락되지 않는 것을 뜻하며, 어떤 일을 성취하기 어려운 경우를 말함

3. 난형난제(難兄難弟)

누구의 형이라 하고 누구의 아우라 하기 어렵다는 뜻으로, 두 사물이 비슷하여 낫고 못함을 정하기 어려움을
이르는 말

4. 내우외환(內憂外患)

내부에서 일어나는 근심과 외부로부터 받은 근심이라는 뜻으로, 나라 안팎의 여러가지 어려운 일을 이르는 말

5. 노심초사(勞心焦思)

마음을 쓰며 애를 태움을 이르는 말

1. 누란지위(累卵之危)

층층이 쌓아 놓은 알의 위태로움이라는 뜻으로, 몹시 아슬아슬한 위기를 비유적으로 이르는 말

2. 다다익선(多多益善)

많으면 많을수록 더욱 좋음. 중국 한(漢)나라의 장수 한신이 고조와 장수의 역량에 대하여 얘기할 때, 고조는 10만 정도의 병사를 지휘할 수 있는 그릇이지만, 자신은 병사의 수가 많을수록 잘 지휘할 수 있다고 한 말에서 유래

3. 다사다난(多事多難)

여러 가지 일도 많고 어려움이나 탈도 많음을 나타내는 말

4. 대기만성(大器晚成)

큰 그릇을 만드는 데는 시간이 오래 소요된다는 뜻으로, 크게 될 사람은 늦게 이루어짐을 이르는 말

5. 독불장군(獨不將軍)

무슨 일이든 자기 생각대로 혼자서 처리하는 사람. 또는 혼자서는 장군이 될 수 없다는 뜻으로, 남과 의논하여 협조하여야 함을 이르는 말

---

1. 독서삼매(讀書三昧)

다른 생각을 전혀 아니하고 오직 책 읽기에만 골몰하는 경지를 이르는 말

2. 동가홍상(同價紅裳)

같은 값이면 다홍치마라는 뜻으로, 같은 값이면 좋은 물건을 가짐을 이르는 말

3. 동고동락(同苦同樂)

괴로움과 즐거움을 함께한다는 뜻으로, 같이 고생하고 같이 즐김을 나타내는 말

4. 동문서답(東問西答)

동쪽을 묻는데 서쪽을 대답한다는 뜻으로, 묻는 말에 대하여 전혀 엉뚱한 대답을 이르는 말

5. 동병상련(同病相憐)

같은 병을 앓는 사람, 즉 어려운 처지에 있는 사람끼리 서로 가엾게 여긴다는 말

1. 동분서주(東奔西走)

동쪽으로 뛰고 서쪽으로 뛴다는 뜻으로, 사방으로 이리저리 몹시 바쁘게 돌아다님을 이르는 말

2. 동상이몽(同床異夢)

같은 자리에서 자면서 다른 꿈을 꾼다는 뜻으로, 겉으로는 같이 행동하면서 속으로는 각기 다른 생각을 하고 있음을 이르는 말

3. 두문불출(杜門不出)

문을 닫고 나가지 않는다는 뜻으로, 집에만 틀어박혀 사회의 일이나 관직에 나아가지 않음을 이르는 말

4. 등용문(登龍門)

어려운 관문을 통과하여 크게 출세하게 됨. 또는 그 관문.
– 잉어가 중국 황하강 상류의 급류를 이룬 곳인 용문을 오르면 용이 된다는 전설에서 유래

5. 등하불명(燈下不明)

등잔 밑이 어둡다는 뜻으로, 가까이에 있는 물건이나 사람을 잘 찾지 못함을 이르는 말

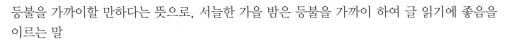

1. 등화가친(燈火可親)

등불을 가까이할 만하다는 뜻으로, 서늘한 가을 밤은 등불을 가까이 하여 글 읽기에 좋음을 이르는 말

2. 마이동풍(馬耳東風)

말의 귀에 동풍이 불어도 아랑곳하지 아니한다는 뜻으로, 남의 말을 귀담아 듣지 아니하고 지나쳐 흘려 버림을 이르는 말. 이백의 시에서 유래

3. 막상막하(莫上莫下)

더 낫고 더 못함의 차이가 거의 없음을 나타내는 말

4. 막역지우(莫逆之友)

마음이 맞아 서로 거스르는 일이 없는 생사를 같이 할 수 있는 친밀한 벗을 이르는 말

5. 만사형통(萬事亨通)

모든 것이 뜻대로 잘됨을 이르는 말

1. 만수무강(萬壽無疆)

아무런 탈 없이 아주 오래 삶. 또는 장수하기를 비는 말

2. 망양보뢰(亡羊補牢)

양을 잃고 우리를 고친다는 뜻으로, 이미 어떤 일을 실패한 뒤에는 뉘우쳐도 아무 소용이 없음을 이르는 말

3. 맹모삼천지교(孟母三遷之敎)

맹자가 어렸을 때 묘지 가까이 살았더니 장사 지내는 흉내를 내기에, 맹자 어머니가 집을 시전 근처로
옮겼더니 이번에는 물건 파는 흉내를 내므로, 다시 글방이 있는 곳으로 옮겨 공부를 시켰다는 것으로, 맹자의
어머니가 아들을 가르치기 위하여 세 번이나 이사를 하였음을 이르는 말

4. 명경지수(明鏡止水)

맑은 거울과 고요한 물이라는 뜻으로, 사념(邪念)이 전혀 없는 깨끗한 마음을 비유해 이르는 말

5. 명실상부(名實相符)

이름과 실상이 서로 꼭 맞음을 이르는 말

---

1. 명약관화(明若觀火)

불을 보는 것같이 밝게 보인다는 뜻으로, 더 말할 나위 없이 명백함을 이르는 말

2. 모순(矛盾)

① 창과 방패란 말로, 말이나 행동의 앞뒤가 서로 맞지 않는 것을 뜻한다. 또는
② 두 사실이 이치상 어긋나서 서로 맞지 않음을 이르는 말

3. 목불식정(目不識丁)

아주 간단한 글자인 정(丁)자를 보고도 그것이 '고무래'인 줄을 알지 못한다는 뜻으로,
아주 까막눈임을 이르는 말

4. 목불인견(目不忍見)

눈앞에 벌어진 상황 따위를 눈 뜨고는 차마 볼 수 없음을 이르는 말

5. 무릉도원(武陵桃源)

① 신선이 살았다는 전설적인 중국의 명승지. 또는
② 세상과 따로 떨어진 별천지를 비유해서 이르는 말

1. 무불통지(無不通知)

무슨 일이든지 환희 통하여 모르는 것이 없음을 이르는 말

2. 무소불위(無所不爲)

하지 못하는 일이 없음을 이르는 말

3. 무용지물(無用之物)

아무 소용이 없는 물건이나 아무짝에도 쓸데없는 사람을 이르는 말

4. 무위도식(無爲徒食)

하는 일 없이 놀고 먹음을 나타내는 말

5. 무지몽매(無知蒙昧)

아는 것이 없고 사리에 어두움을 이르는 말

1. 문외한(門外漢)

① 어떤 일에 직접 관계가 없는 사람. 또는
② 어떤 일에 전문적인 지식이 없는 사람

2. 문일지십(聞一知十)

하나를 듣고 열 가지를 미루어 안다는 뜻으로, 지극히 총명함을 이르는 말

3. 미봉책(彌縫策)

꿰매어 깁는 계책이라는 뜻으로, 결점이나 실패를 덮어 발각되지 않게 이리저리 주선하여 감추기만 하는 계책을 이르는 말

4. 미사여구(美辭麗句)

① 아름다운 말과 글귀라는 뜻으로, 아름다운 문장(文章). 또는
② 아름다운 말로 꾸민 듣기 좋은 글귀를 이르는 말

5. 미풍양속(美風良俗)

아름답고 좋은 풍속이나 기풍을 이르는 말

1. 발본색원(拔本塞源)

좋지 않은 일의 근본 원인이 되는 요소를 완전히 없애 버려서 다시는 그러한 일이 생길 수 없도록 함

2. 배수진(背水陣)

어떤 일을 성취하기 위하여 더 이상 물러설 수 없음을 비유적으로 이르는 말

3. 배은망덕(背恩忘德)

① 남에게 입은 은덕을 저버리고 배신함. 또는
② 그런 태도가 있음을 이르는 말

4. 배중사영(杯中蛇影)

① 술잔 속의 뱀 그림자라는 뜻으로, 스스로 의혹된 마음이 생겨 고민하는 일. 또는
② 아무것도 아닌 일에 의심을 품고 지나치게 근심함을 이르는 말

5. 백골난망(白骨難忘)

죽어서 백골이 되어도 잊을 수 없다는 뜻으로, 남에게 큰 은덕을 입었을 때 고마움의 뜻으로 이르는 말

---

1. 백년가약(百年佳約)

젊은 남녀가 부부가 되어 평생을 같이 지낼 것을 굳게 다짐하는 아름다운 언약

2. 백년대계(百年大計)

먼 앞날까지 미리 내다보고 세우는 크고 중요한 계획을 나타내는 말

3. 백년해로(百年偕老)

부부가 되어 한평생 사이좋게 지내고 즐겁게 함께 늙음을 이르는 말

4. 백미(白眉)

흰 눈썹이라는 뜻으로, 여럿 가운데에서 가장 뛰어난 사람이나 훌륭한 물건을 비유적으로 이르는 말.
– 중국 촉한(蜀漢) 때 마씨(馬氏)의 다섯 형제가 모두 재주가 있었는데 그중에서도 눈썹 속에 흰 털이 난 마량(馬良)이 가장 뛰어났다는 데서 유래

5. 백척간두(百尺竿頭)

백 자나 되는 높은 장대 위에 올라섰다는 뜻으로, 몹시 어렵고 위태로운 지경을 이르는 말

부록 – 고사성어

1. 부창부수(夫唱婦隨)

① 남편이 주장하고 아내가 이에 잘 따름. 또는
② 부부 사이의 그런 도리

2. 부화뇌동(附和雷同)

우레 소리에 맞춰 함께 한다는 뜻으로, 자신의 뚜렷한 소신 없이 그저 남이 하는대로 따라가는 것을 의미함

3. 분골쇄신(粉骨碎身)

① 뼈가 가루가 되고 몸이 부서진다는 뜻으로, 있는 힘을 다해 노력함. 또는
② 남을 위하여 수고를 아끼지 않음을 이르는 말

4. 불공대천지수(不共戴天之讎)

한 하늘에서 더불어 살 수 없는 원수라는 뜻으로, 어버이의 원수를 이르는 말

5. 불문가지(不問可知)

묻지 않아도 옳고 그름을 알 수 있음을 이르는 말

---

1. 불문곡직(不問曲直)

굽음과 곧음을 묻지 않는다는 뜻으로, 옳고 그름을 가리지 않고 함부로 일을 처리함을 이르는 말

2. 빙탄지간(氷炭之間)

얼음과 숯불 사이의 관계를 뜻하는 말로, 사물이 서로 화합할 수 없는 것을 이르는 말

3. 사면초가(四面楚歌)

적에게 사방으로 포위당해 어느 누구에게도 도움을 받을 수 없는 상태를 뜻하며, 아주 어려운 상태에 놓였음을 나타내는 말

4. 사분오열(四分五裂)

네 갈래 다섯 갈래로 나눠지고 찢어진다는 뜻으로, 여러 갈래로 갈기갈기 찢어짐을 이르는 말

5. 사상누각(砂上樓閣)

모래 위에 세워진 누각을 뜻하며, 겉모양은 화려하나 기초가 약해 오래 가지 못하는 것을 뜻하는 말

1. 사족(蛇足)

뱀의 발을 뜻한 것으로, 불필요하게 군더더기를 붙이는 것을 이르는 말

2. 사필귀정(事必歸正)

모든 일은 결국 바른 길로 돌아간다는 것을 이르는 말

3. 사후약방문(死後藥方文)

죽은 다음에 약방문을 쓴다는 뜻으로, 때가 늦은 뒤에 대책을 세우거나 노력을 해야 아무 소용이 없다는 것을 이르는 말

4. 산전수전(山戰水戰)

산에서의 싸움과 물에서의 싸움을 뜻하는 것으로, 온갖 세상일을 겪은 것을 비유하는 말

5. 산해진미(山海珍味)

산과 바다에서 나는 물건으로 만든 맛이 좋은 음식을 이르는 말

---

1. 살신성인(殺身成仁)

자신의 목숨을 바쳐 인(仁)을 이룬다는 뜻으로, 자신의 목숨을 잃는 경우가 있어도 올바른 도리를 행하는 것을 이르는 말

2. 삼라만상(森羅萬象)

우주에 존재하는 모든 사물과 현상을 이르는 말

3. 삼삼오오(三三五五)

여러 사람이 짝을 지어 일하는 모양을 이르는 말

4. 삼척동자(三尺童子)

키가 석 자밖에 되지 않는 어린아이라는 뜻으로, 철모르는 어린아이를 이르는 말

5. 새옹지마(塞翁之馬)

변방에 사는 늙은이의 말이란 뜻으로, 세상일을 예측할 수 없다는 것을 이르는 말.
– 인간만사 새옹지마(人間萬事 塞翁之馬) 라는 말로도 사용되고 있다.

1. 선견지명(先見之明)

앞날을 내다보는 지혜를 이르는 말

2. 설상가상(雪上加霜)

눈 위에 다시 서리가 내린다는 뜻으로, 불행한 일들이 겹쳐서 일어나는 것을 이르는 말

3. 속수무책(束手無策)

손을 묶인 듯이 어찌할 방법이 없어 꼼짝 못하게 된다는 뜻으로, 뻔히 보면서 어찌할 바를 모르고 꼼짝 못한다는 뜻

4. 송구영신(送舊迎新)

묵은 해를 보내고 새해를 맞이한다는 것을 이르는 말

5. 수수방관(袖手傍觀)

팔짱을 끼고 곁에서 보고만 있다는 뜻으로, 간섭하거나 거들지 않고 내버려두는 것을 이르는 말

---

1. 수어지교(水魚之交)

물과 물고기의 사귐이라는 뜻으로, 서로 떨어지기 어려운 아주 친한 사이를 이르는 말

2. 순망치한(脣亡齒寒)

입술이 없으면 이가 시리다는 것을 뜻하는 말로, 한쪽이 망하면 다른 쪽도 영향을 받아 온전하기 어렵다는 것을 이르는 말

3. 시시비비(是是非非)

옳고 그른 것을 판별함을 이르는 말

4. 식자우환(識字憂患)

아는 것이 도리어 근심이 된다는 것을 이르는 말

5. 신출귀몰(神出鬼沒)

귀신같이 나타났다가 사라진다는 뜻으로, 그 움직임을 쉽게 알 수 없을 만큼 자유자재로 나타나고 사라짐을 이르는 말

1. 심사숙고(深思熟考)

깊이 생각하고 곧 신중을 기하여 곰곰이 생각함을 이르는 말

2. 십시일반(十匙一飯)

열 사람이 밥 한 숟가락씩을 보태면 한 사람의 끼니가 된다는 뜻으로, 여러 명이 힘을 합하면 한 사람을 돕기가 쉽다는 것을 이르는 말

3. 십중팔구(十中八九)

열 가운데 여덟이나 아홉이 된다는 뜻으로, 거의 다 됨을 가리키는 말

4. 아비규환(阿鼻叫喚)

아비지옥과 규환지옥에서 고통스럽게 울부짖는 참상을 뜻하며, 참혹한 고통에서 벗어나려고 울부짖는 모습을 나타내는 말

5. 아전인수(我田引水)

자기 논에 물대기라는 뜻으로, 자기에게만 이롭게 되도록 생각하거나 행동함을 이르는 말

---

1. 앙천이타(仰天而唾)

하늘을 보고 침을 뱉으면 자신에게 떨어진다는 뜻으로, 남에게 해를 끼치려다 도리어 자신에게 해가 돌아온다는 것을 이르는 말

2. 약방감초(藥房甘草)

① 한약에 감초를 넣는 경우가 많아 한약방에는 반드시 감초가 있다는 데서 유래한 것으로 어떤 일이나 빠짐 없이 끼어드는 사람. 또는
② 꼭 있어야 할 물건을 이르는 말

3. 약육강식(弱肉強食)

약한 자가 강한 자에게 먹힌다는 뜻으로, 강한 자가 약한 자를 희생시켜서 번영하거나 약한 자가 강한 자에게 끝내는 멸망됨을 이르는 말

4. 양두구육(羊頭狗肉)

양머리를 내걸고 개고기를 판다는 뜻으로, 겉모습은 훌륭하나 속은 변변치 못함을 이르는 말

5. 양상군자(梁上君子)

대들보 위의 군자를 뜻하는 말로, 도둑을 미화하여 부르는 말

부록 - 고사성어

1. 양약고구(良藥苦口)

좋은 약은 입에 쓰다는 뜻으로, 올바르고 충직한 말이 귀에는 듣기 싫으나 받아들이면 이롭다는 말

2. 어두육미(魚頭肉尾)

물고기는 머리 쪽이 맛이 있고, 짐승 고기는 꼬리 쪽이 맛이 있다는 말

3. 어부지리(漁父之利)

어부의 이익을 뜻하는 말로, 두 사람이 싸우는 사이에 제삼자가 이익을 취하는 경우를 이르는 말

4. 어불성설(語不成說)

말이 이치에 맞지 않음을 이르는 말

5. 언중유골(言中有骨)

말 속에 뼈가 있다는 뜻으로, 예사로운 말 속에 단단한 속뜻이 들어 있음을 이르는 말

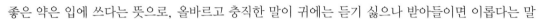

1. 엄동설한(嚴冬雪寒)

눈 내리는 매우 추운 겨울을 이르는 말

2. 역지사지(易地思之)

남과 처지를 바꾸어서 생각해 보는 것을 이르는 말

3. 연목구어(緣木求魚)

나무에 올라가 고기를 구한다는 뜻으로, 잘못된 방법으로 목적을 달성하고자 하는 것을 이르는 말

4. 연전연승(連戰連勝)

싸움 때마다 계속하여 이김을 이르는 말

5. 오리무중(五里霧中)

사방 오리가 안개 속이란 뜻으로, 어디에 있는지 자취를 알 수 없거나 갈피를 잡을 수 없는 것을 이르는 말

1. 오매불망(寤寐不忘)

자나 깨나 잊지 못하는 것을 이르는 말

2. 오비삼척(吾鼻三尺)

내 코가 석자를 뜻으로, 내 자신의 사정이 급해서 남을 돌아볼 여유가 없음을 이르는 말

3. 오비이락(烏飛梨落)

까마귀 날자 배 떨어진다는 뜻으로, 우연히 어떤 일이 발생하여 의심을 받는 것을 이르는 말

4. 오십보백보(五十步百步)

오십 보 도망친 사람이 백 보 도망친 사람을 비웃는다는 뜻으로, 서로 실질적으로는 큰 차이가 없음을 이르는 말

5. 오월동주(吳越同舟)

오나라 사람과 월나라 사람이 한 배를 탄다는 뜻으로, 사이가 나쁜 사람도 어려움을 당하면 협력한다는 것을 이르는 말

---

1. 오합지졸(烏合之卒)

까마귀가 모인 것처럼 질서가 없이 모인 병졸이라는 뜻으로, 임시로 모여들어서 규율이 없고 무질서한 병졸. 또는 군중을 이르는 말

2. 온고지신(溫故知新)

옛것을 익히고 그것을 미루어 새로운 것을 안다는 것을 이르는 말

3. 와신상담(臥薪嘗膽)

섶에 누워 자고 쓸개를 맛본다는 뜻으로, 목적을 이루기 위해 온갖 어려움을 이겨낸다는 것을 이르는 말

4. 외유내강(外柔內剛)

겉으로 보기에는 부드러우나 속은 꿋꿋하고 강함을 나타내는 말

5. 요산요수(樂山樂水)

산을 좋아하고 물을 좋아한다는 뜻으로, 산수의 자연을 즐기고 좋아함을 이르는 말
※ 樂 : 즐길 락(낙), 노래 악, 좋아할 요

부록 – 고사성어

1. 요조숙녀(窈窕淑女)

말과 행동이 얌전한 여자를 이르는 말

2. 용두사미(龍頭蛇尾)

용의 머리에 뱀의 꼬리를 뜻하는 말로, 시작은 그럴듯하게 좋았다가 끝이 흐지부지 나빠지는 것을 이르는 말

3. 우왕좌왕(右往左往)

이리저리 왔다갔다하여 일어나 나아가는 방향을 종잡지 못함을 이르는 말

4. 우이독경(牛耳讀經)

소귀에 경을 읽는다는 뜻으로, 아무리 가르치고 알려 주어도 알아듣지 못하는 것을 이르는 말

5. 우후죽순(雨後竹筍)

비 온 뒤에 여기저기 죽순이 돋아나는 것과 같이 어떤 일이 일시에 많이 일어나는 것을 이르는 말

---

1. 위기일발(危機一髮)

거의 여유가 없는 위급한 상황을 이르는 말

2. 유구무언(有口無言)

입은 있어도 말이 없다는 뜻으로, 변명한 말이 없거나 변명을 못함을 이르는 말

3. 유명무실(有名無實)

이름뿐이고 실상은 없음을 나타내는 말

4. 유비무환(有備無患)

미리 준비하면 나중에 어려움을 당하지 않는다는 것을 이르는 말

5. 이열치열(以熱治熱)

① 열은 열로써 다스린다는 뜻으로, 힘에는 힘으로. 또는
② 강한 것에는 강한 것으로 상대함을 이르는 말

1. 일어탁수(一魚濁水)

한 마리의 물고기가 물을 흐린다는 뜻으로, 한 사람의 잘못으로 여러 사람이 피해를 입게 됨을 이르는 말

2. 일언지하(一言之下)

① 말 한 마디로 끊음이란 뜻으로, 한 마디로 딱 잘라 말함. 또는
② 두 말할 나위가 없음을 이르는 말

3. 일장춘몽(一場春夢)

한바탕의 봄꿈처럼 헛된 영화나 덧없는 일이란 뜻으로, 인생의 허무함을 비유하여이르는 말

4. 일편단심(一片丹心)

한 조각의 붉은 마음이라는 뜻으로, 진심에서 우러나오는 변치 아니하는 마음을 이르는 말

5. 일확천금(一攫千金)

단번에 천금을 움켜쥔다는 뜻으로, 힘들이지 아니하고 단번에 많은 재물을 얻음을 이르는 말

---

1. 임기응변(臨機應變)

그때그때 처한 사태에 맞추어 즉각 그 자리에서 결정하거나 처리함을 이르는 말

2. 임전무퇴(臨戰無退)

세속오계의 하나. 전쟁에 나아가서는 물러서지 않음을 이르는 말

3. 자격지심(自激之心)

어떤 일을 함에 있어 스스로 부족하거나 미흡하다고 여기는 마음을 나타내는 말

4. 자승자박(自繩自縛)

자신이 꼰 노끈에 자신이 묶인다는 뜻으로, 자신이 한 말과 행동에 자신이 속박 당하여 고통을 겪는다는 것을 이르는 말

5. 자업자득(自業自得)

자신이 행한 것에 대하여 자신이 책임을 져야 하는 것으로, 자신이 저지른 일에 대해 자신이 과보를 받는 것을 이르는 말

1. 자중지란(自中之亂)

같은 편끼리 싸우는 것을 이르는 말

2. 자폭자기(自暴自棄)

절망에 빠져 자기자신을 돌보지 않는 것을 이르는 말

3. 자화자찬(自畫自讚)

자신의 그림을 스스로 칭찬한다는 뜻으로, 자신이 한 일과 행동을 스스로 칭찬함을 이르는 말

4. 작심삼일(作心三日)

한번 결심한 일이 삼 일을 넘기지 못한다는 뜻으로, 결심이 굳지 못함을 이르는 말

5. 적반하장(賊反荷杖)

도둑이 몽둥이를 든다는 뜻으로, 잘못한 사람이 도리어 잘한 사람을 나무라는 경우에 이르는 말

1. 적소성대(積小成大)

작은 것도 모으면 큰 것이 된다는 뜻으로, 하찮게 보일지라도 모으면 커다란 도움이 될 수 있다는 것을 이르는 말

2. 적재적소(適材適所)

적절한 자리에 적절한 인재를 앉히는 것을 이르는 말

3. 전광석화(電光石火)

번갯불과 부싯돌의 불을 뜻하며, 매우 짧은 시간과 매우 빠른 동작을 이르는 말

4. 전무후무(前無後無)

전에도 없었고 앞으로도 있을 수 없음을 이르는 말

5. 전전긍긍(戰戰兢兢)

두려워하며 떨면서 괴로워하는 모습을 이르는 말

1. 전화위복(轉禍爲福)

화가 바뀌어 복이 된다는 뜻으로, 불행한 일이라도 꾸준히 노력하면 행복으로 바뀔 수 있다는 것을 이르는 말

2. 절차탁마(切磋琢磨)

옥이나 돌 따위를 갈고 닦아서 빛을 낸다는 뜻으로, 부지런히 학문과 덕행을 닦음을 이르는 말

3. 절치부심(切齒腐心)

분해서 이를 갈면서 속을 썩이는 것을 이르는 말

4. 정문일침(頂門一鍼)

정수리에 침을 놓는다는 뜻으로, 상대방의 급소를 찌르는 따끔한 충고나 교훈을 이르는 말

5. 정저지와(井底之蛙)

우물 안 개구리란 뜻으로, 소견이 좁은 사람을 이르는 말

---

1. 조강지처(糟糠之妻)

지게미와 쌀겨로 끼니를 이을 때의 아내라는 뜻으로, 몹시 가난하고 천할 때에 고생을 함께 겪어온 아내를 이르는 말

2. 조삼모사(朝三暮四)

간사한 꾀로 남을 속여 희롱함을 이르는 말.
- 중국 송나라의 저공의 고사로, 먹이를 아침에 세 개, 저녁에 네 개를 주겠다는 말에 원숭이들이 적다고 화를 내더니 아침에 네 개, 저녁에 세 개씩을 주겠다는 말에 좋아하였다는 데서 유래

3. 조족지혈(鳥足之血)

새 발에 피란 뜻으로, 필요한 것에 비해 극히 적은 양을 이르는 말

4. 좌정관천(坐井觀天)

우물 속에 앉아서 하늘을 본다는 뜻으로, 사람의 견문이 매우 좁음을 이르는 말

5. 주경야독(晝耕夜讀)

낮에는 밭을 갈고 밤에는 책을 읽는다는 뜻으로, 어려운 가운데서도 열심히 공부하는 것을 이르는 말

부록 – 고사성어

1. 주마간산(走馬看山)

달리는 말에서 산의 경치를 본다는 뜻으로, 겉만 보고 속에 담긴 내용은 자세히 살펴보지 않는 것을
이르는 말

2. 죽마고우(竹馬故友)

대나무로 만든 말을 타고 놀던 친구를 뜻하는 말로, 어릴 때부터 친하게 지내온 친구를 이르는 말

3. 중과부적(衆寡不敵)

적은 수로 많은 수를 대적하지 못한다는 것을 이르는 말

4. 지기지우(知己之友)

자기를 가장 잘 알아주는 친한 친구를 이르는 말

5. 지성감천(至誠感天)

정성이 지극하면 하늘도 감동한다는 뜻으로, 무슨 일에든 정성을 다하면 아주 어려운 일도 순조롭게 풀리어
좋은 결과를 맺는다는 말

---

1. 지척지간(咫尺之間)

매우 가까운 거리를 이르는 말

2. 지피지기(知彼知己)

적을 알고 나를 알아야 한다는 뜻으로, 상대방의 사정도 잘 아는 동시에 자신의 사정도 잘 헤아림을 이르는
말

3. 진퇴양난(進退兩難)

앞으로 나아갈 수도 없고 물러날 수도 없는 궁지에 몰린 것을 이르는 말

4. 천고마비(天高馬肥)

하늘은 높고 말이 살찐다는 뜻으로, 오곡백과가 무르익는 가을을 이르는 말

5. 천인공노(天人共怒)

하늘과 사람이 함께 노한다는 뜻으로, 누구나 분노할 만큼 증오스럽거나 도저히 용납할 수 없음을 이르는 말

1. 천재일우(千載一遇)

천 년에 한 번 만난다는 뜻으로, 좀처럼 만나기 어려운 좋은 기회를 이르는 말

2. 청천벽력(靑天霹靂)

맑게 갠 하늘에서 치는 날벼락이라는 뜻으로, 뜻밖에 일어난 큰 변고나 사건을 비유하여 이르는 말

3. 칠전팔기(七顚八起)

일곱 번 넘어져도 여덟 번째 일어난다는 뜻으로, 여러 번 실패하여도 굴하지 아니하고 꾸준히 노력함을 이르는 말

4. 침소봉대(針小棒大)

바늘만한 것을 몽둥이만하다고 말함이란 뜻으로, 작은 일을 크게 과장하여 말함을 이르는 말

5. 쾌도난마(快刀亂麻)

잘 드는 칼로 마구 헝클어진 삼 가닥을 자른다는 뜻으로, 어지럽게 뒤얽힌 사물을 강력한 힘으로 명쾌하게 처리함을 이르는 말

---

1. 타산지석(他山之石)

다른 산의 나쁜 돌이라도 자신의 산의 옥돌을 가는 데에 쓸 수 있다는 뜻으로, 본이 되지 않은 남의 말이나 행동도 자신의 지식과 인격을 수양하는 데에 도움이 될 수 있음을 이르는 말

2. 탐관오리(貪官汚吏)

욕심이 많고 부패한 관리를 이르는 말

3. 태평성대(太平聖代)

① 아주 평화로운 시절을 이르는 말. 또는
② 어진 임금이 잘 다스리어 태평한 세상이나 시대

4. 토사구팽(兎死狗烹)

토끼가 죽으면 토끼를 잡던 사냥개도 필요 없게 되어 주인에게 삶아 먹히게 된다는 뜻으로, 필요할 때는 쓰고 필요 없을 때는 야박하게 버리는 경우를 이르는 말

5. 파란만장(波瀾萬丈)

물결이 만 길에 이른다는 것으로, 인생을 살아가는 데 변화와 기복이 많다는 것을 나타내는 말

부록 – 고사성어

1. 표리부동(表裏不同)

겉과 속이 같지 않음이란 뜻으로, 마음이 음흉맞아서 겉과 속이 다름을 나타내는 말

2. 풍전등화(風前燈火)

바람 앞의 등불이라는 뜻으로, 아주 위급한 처지에 놓여 있음을 이르는 말

3. 학수고대(鶴首苦待)

학의 목처럼 길게 늘여 기다린다는 뜻으로, 몹시 기다림을 이르는 말

4. 함흥차사(咸興差使)

심부름을 가서 오지 아니하거나 늦게 온 사람을 이르는 말.
– 조선 태조 이성계가 왕위를 물려주고 함흥에 있을 때에 태종이 보낸 차사를 죽이거나 혹은 잡아 가두어 돌
  려 보내지 아니하였던 데서 유래

5. 허심탄회(虛心坦懷)

품은 생각을 터놓고 말할 만큼 아무 거리낌이 없고 솔직함을 이르는 말

---

1. 허장성세(虛張聲勢)

실속이 없으면서 큰소리치거나 허세를 부리는 것을 이르는 말

2. 현모양처(賢母良妻)

어진 어머니이면서 착한 아내를 이르는 말

3. 혈혈단신(孑孑單身)

의지할 곳 없는 외로운 혼자 몸을 이르는 말

4. 형설지공(螢雪之功)

반딧불과 눈(雪)의 빛으로 공부한 공(功)을 뜻하는 말로, 온갖 고생 속에서 부지런히 공부하여 좋은 결과를 얻
는 것은 이르는 말

5. 호사다마(好事多魔)

좋은 일에는 나쁜 일도 많이 생긴다는 것을 이르는 말

1. 호사유피(虎死留皮)

호랑이는 죽어서 가죽을 남긴다는 뜻으로, 사람은 죽어서 명예를 남겨야 함을 이르는 말

2. 호시탐탐(虎視眈眈)

범이 눈을 부릅뜨고 노려본다는 뜻으로, 남의 것을 빼앗기 위하여 형세를 살피며 가만히 기회를 엿봄을 이르는 말

3. 홍일점(紅一點)

① 푸른 잎 가운데 한 송이 꽃이 피어 있다는 뜻으로, 여럿 속에서 오직 하나 이채(異彩)를 띠는 것. 또는
② 많은 남자들 사이에 끼어 있는 한 사람의 여자를 가리키는 말

4. 화룡점정(畫龍點睛)

무슨 일을 하는 데에 가장 중요한 부분을 완성함을 이르는 말.
– 용을 그리고 난 후에 마지막으로 눈동자를 그려 넣었더니, 그 용이 실제 용이 되어 홀연히 구름을 타고 하늘
   로 날아올라갔다는 고사에서 유래

5. 화중지병(畫中之餅)

① 그림 속의 떡이란 뜻으로, 실속 없는 일에 비유하는 말. 또는
② 보기만 했지 실제로 있을 수 없음을 이르는 말

6. 횡설수설(橫說竪說)

가로로 말하고 세로로 말한다는 뜻으로, 조리가 없는 말을 되는대로 함부로 지껄임을 이르는 말

7. 후안무치(厚顔無恥)

얼굴이 두꺼워 뻔뻔스럽고 부끄러움을 모르는 것을 이르는 말

1. 가는 말이 고와야 오는 말이 곱다

자기가 남에게 말이나 행동을 좋게 하여야 남도 자기에게 좋게 한다는 말

2. 가루는 칠수록 고와지고, 말은 할수록 거칠어진다

가루는 체에 칠수록 고와지지만 말은 길어질수록 시비가 붙을 수 있고 마침내는 말다툼까지 가게 되니 말을 삼가라는 말

3. 가지 많은 나무에 바람 잘 날이 없다

가지가 많고 잎이 무성한 나무는 살랑거리는 바람에도 잎이 흔들려서 잠시도 조용한 날이 없다는 뜻으로, 자식을 많이 둔 어버이에게는 근심, 걱정이 끊일 날이 없음을 이르는 말

4. 개구리도 옴쳐야 뛴다

뛰기를 잘하는 개구리도 뛰기 전에 옴츠려야 한다는 뜻으로, 아무리 급하더라도 일을 이루려면 그 일을 위하여 준비할 시간이 있어야 함을 이르는 말

5. 개도 주인을 알아본다

짐승인 개도 자기를 돌봐 주는 주인을 안다는 뜻으로, 배은망덕한 사람을 꾸짖어 이르는 말

1. 개 팔자가 상팔자

놀고 있는 개가 부럽다는 뜻으로, 일이 분주하거나 고생스러울 때 넋두리로 하는 말

2. 계란에도 뼈가 있다

늘 일이 잘 안되던 사람이 모처럼 좋은 기회를 만났건만, 그 일마저 역시 잘 안됨을 이르는 말

3. 공든 탑이 무너지랴

공들여 쌓은 탑은 무너질 리 없다는 뜻으로, 힘을 다하고 정성을 다하여 한 일은 그 결과가 반드시 헛되지 아니함을 이르는 말

4. 꽃이 좋아야[고와야] 나비가 모인다

상품이 좋아야 손님이 많다는 말

5. 과부는 은이 서 말이고, 홀아비는 이가 서 말이다

과부는 살림살이가 알뜰하여 규모 있게 생활하므로 경제적으로 걱정이 없지만, 홀아비는 생활이 곤궁함을 이르는 말

1. 구르는 돌은 이끼가 안 낀다

부지런하고 꾸준히 노력하는 사람은 침체되지 않고 계속 발전한다는 말

2. 꿈보다 해몽이 좋다

하찮거나 언짢은 일을 그럴듯하게 돌려 생각하여 좋게 풀이함을 이르는 말

3. 굿이나 보고 떡이나 먹지

남의 일에 쓸데없는 간섭을 하지 말고 되어 가는 형편을 보고 있다가 이익이나 얻도록 하라는 말

4. 그림의 떡

아무리 마음에 들어도 이용할 수 없거나 차지할 수 없는 경우를 이르는 말

5. 금강산도 식후경

아무리 재미있는 일이라도 배가 불러야 흥이 나지 배가 고파서는 아무 일도 할 수 없음을 이르는 말

---

1. 기는 놈 위에 나는 놈이 있다

아무리 재주가 있어도 그보다 나은 사람이 있다는 말

2. 나 먹자니 싫고 개 주자니 아깝다

자기에게 소용이 없으면서도 남에게는 주기 싫은 인색한 마음을 이르는 말

3. 나중에 보자는 사람[양반] 무섭지 않다

나중에 어떻게 하겠다고 말로만 하는 것은 아무 쓸데가 없다는 말

4. 남의 눈에 눈물 내면 제 눈에는 피눈물이 난다

남에게 악한 짓을 하면 자기는 그보다 더한 벌을 받게 됨을 이르는 말

5. 낮말은 새가 듣고 밤말은 쥐가 듣는다

아무리 비밀히 한 말이라도 반드시 남의 귀에 들어간다는 뜻으로, 말조심 하라는 말

부록 - 속담풀이

1. 내 배가 부르니 종의 배고픔을 모른다

자기만 만족하면 남의 곤란함을 모르고 돌보아 주지 아니함을 이르는 말

2. 내외간 싸움은 칼로 물 베기

부부간 싸움은 중재가 필요 없이 내버려 두면 자연히 쉬 화합한다는 뜻

3. 내 코가 석 자

내 사정이 급해서 남을 돌볼 여유가 없음을 이르는 말

4. 눈 가리고 아웅

얕은 수로 남을 속이려 하거나, 또는 실제로 보람도 없을 일을 공연히 형식적으로 하는 체하며 부질없는 짓을 함을 이르는 말

5. 늦게 배운 도둑이 날 새는 줄 모른다

늙어서 바람이 나면 걷잡을 수 없다는 것을 이르는 말

---

1. 달면 삼키고 쓰면 뱉는다

옳고 그름이나 신의를 돌보지 않고 자기의 이익만 꾀함을 이르는 말

2. 닭 잡아먹고 오리발 내놓기

옳지 못한 일을 저질러 놓고 엉뚱한 수작으로 속여 넘기려 하는 일을 이르는 말

3. 땅 짚고 헤엄치기

일이 매우 쉽다는 말

4. 떡 줄 사람은 꿈도 안 꾸는데 김칫국부터 마신다

해 줄 사람은 생각지도 않는데 미리부터 다 된 일로 알고 행동한다는 말

5. 도둑이 제 발 저리다

지은 죄가 있으면 자연히 마음이 조마조마하여짐을 이르는 말

1. 도둑질을 해도 손발[눈]이 맞아야 한다
무슨 일이든지 뜻이 서로 맞아야 함께 할 수 있음을 이르는 말

2. 돈 모아 줄 생각 말고 자식 글 가르쳐라
막대한 유산을 자식에게 남겨 주는 것보다 자식을 훌륭하게 교육시키는 것이 더 낫다는 말

3. 등잔 밑이 어둡다
대상에서 가까이 있는 사람이 도리어 대상에 대하여 잘 알기 어렵다는 말

4. 마른하늘 벼락 맞는다
뜻하지 않은 큰 재앙을 당했다는 말

5. 말은 할수록 늘고, 되질은 할수록 준다
말은 퍼질수록 보태어지고, 물건은 옮겨 갈수록 줄어든다는 말

---

1. 고기는 씹어야 맛이요, 말은 해야 맛이라
고기의 참 맛을 알려면 겉만 핥을 것이 아니라 자꾸 씹어야 하듯이, 하고 싶은 말이나 해야 할 말은 시원히 다 해버려야 좋다는 말

2. 말이 씨가 된다
늘 말하던 것이 마침내 사실대로 되었을 때를 이르는 말

3. 매도 먼저 맞는 놈이 낫다
이왕 겪어야 할 일이라면 아무리 어렵고 괴롭더라도 먼저 치르는 편이 낫다는 말

4. 목구멍이 포도청
먹고살기 위하여, 해서는 안 될 짓까지 하지 않을 수 없음을 이르는 말

5. 목마른 놈이 우물 판다
제일 급하고 일이 필요한 사람이 그 일을 서둘러 하게 되어 있다는 말

1. 무자식(無子息) 상팔자(上八字)다

자식이 없는 것이 도리어 걱정이 없이 편하다는 말

2. 믿는 도끼에 발등 찍힌다

잘 되리라고 믿고 있던 일이 어긋나거나, 믿고 있던 사람이 배반하여 오히려 해를 입음을 이르는 말

3. 바늘 가는 데 실 간다

바늘이 가는 데 실이 항상 뒤따른다는 뜻으로, 사람의 긴밀한 관계를 이르는 말

4. 바늘 도둑이 소도둑 된다

바늘을 훔치던 사람이 계속 반복하다 보면 결국은 소까지도 훔친다는 뜻으로, 작은 나쁜 짓도 자꾸 하게 되면 큰 죄를 저지르게 됨을 이르는 말

5. 발 없는 말이 천 리 간다

말은 비록 발이 없지만 천 리 밖까지도 순식간에 퍼진다는 뜻으로, 말을 삼가야 함을 이르는 말

---

1. 밤 말은 쥐가 듣고, 낮 말은 새가 듣는다

늘 말조심하여야 함을 이르는 말

2. 방귀 뀐 놈이 성낸다

자기가 방귀를 뀌고 오히려 남보고 성낸다는 뜻으로, 잘못을 저지른 쪽에서 오히려 남에게 성냄을 비꼬는 말

3. 번갯불에 콩 볶아 먹겠다

하는 짓이 번갯불에 콩을 볶아 먹을 만큼 급하게 군다는 뜻으로, 어떤 행동을 당장 해치우지 못하여 안달하는 조급한 성질을 이르는 말

4. 병 주고 약 준다

남을 해치고 나서 약을 주며 그를 구원하는 체한다는 뜻으로, 교활하고 음흉한 자의 행동을 이르는 말

5. 뽕도 따고 임도 보고[본다]

뽕 따러 나가니 누에 먹이를 장만할 뿐만 아니라 사랑하는 애인도 만나 정을 나눈다는 뜻으로, 두 가지 일을 동시에 이룸을 이르는 말

1. 뿌리 깊은 나무 가뭄 안 탄다

땅속 깊이 뿌리내린 나무는 가뭄에 타지 않아 말라죽는 일이 없다는 뜻으로, 무엇이나 근원이 깊고 튼튼하면 어떤 시련도 견뎌 냄을 이르는 말

2. 빈 수레가 요란하다
실속 없는 사람이 겉으로 더 떠들어 댐을 이르는 말

3. 빛 좋은 개살구
겉모양은 좋으나 실속이 없다는 것을 이르는 말

4. 사공이 많으면 배가 산으로 간다[올라간다]
여러 사람이 저마다 제 주장대로 배를 몰려고 하면 결국에는 배가 물로 못 가고 산으로 올라간다는 뜻으로, 주관하는 사람 없이 여러 사람이 자기 주장만 내세우면 일이 제대로 되기 어려움을 이르는 말

5. 사람은 백지 한 장의 앞을 못 본다
종이 한 장을 바른 방문에 불과하지만 방 안에 있는 사람은 문밖의 일을 알지 못한다는 뜻으로, 사람은 앞일에 대하여 한 치 앞도 알 수 없음을 이르는 말

---

1. 서당 개 삼 년에 풍월을 읊는다

서당에서 삼 년 동안 살면서 매일 글 읽는 소리를 듣다 보면 개조차도 글 읽는 소리를 내게 된다는 뜻으로, 어떤 분야에 대하여 지식과 경험이 전혀 없는 사람이라도 그 부문에 오래 있으면 얼마간의 지식과 경험을 갖게 된다는 것을 이르는 말

2. 세 살 적 버릇[마음]이 여든까지 간다
어릴 때 몸에 밴 버릇은 늙어 죽을 때까지 고치기 힘들다는 뜻으로, 어릴 때부터 나쁜 버릇이 들지 않도록 잘 가르쳐야 함을 이르는 말

3. 소도 언덕이 있어야 비빈다
언덕이 있어야 소도 가려운 곳을 비비거나 언덕을 디뎌 볼 수 있다는 뜻으로, 누구나 의지할 곳이 있어야 무슨 일이든 시작하거나 이룰 수가 있음을 이르는 말

4. 소문난 잔치에 먹을 것 없다
떠들썩한 소문이나 큰 기대에 비하여 실속이 없거나 소문이 실제와 일치하지 아니하는 경우를 이르는 말

5. 소 잃고 외양간 고친다
소를 도둑맞은 다음에서야 빈 외양간의 허물어진 데를 고치느라 수선을 떤다는 뜻으로, 일이 이미 잘못된 뒤에는 손을 써도 소용이 없음을 비꼬는 말

1. 쇠뿔도 단김에 빼라

든든히 박힌 소의 뿔을 뽑으려면 불로 달구어 놓은 김에 해치워야 한다는 뜻으로, 어떤 일이든지 하려고 생각했으면 한창 열이 올랐을 때 망설이지 말고 곧 행동으로 옮겨야 함을 이르는 말

2. 수박 겉 핥기

맛있는 수박을 먹는다는 것이 딱딱한 겉만 핥고 있다는 뜻으로, 사물의 속 내용은 모르고 겉만 건드리는 일을 이르는 말

3. 시장이 반찬이다

배가 고프면 반찬이 없어도 밥이 맛있음을 이르는 말

4. 십 년이면 강산도 변한다

세월이 흐르게 되면 모든 것이 다 변하게 됨을 이르는 말

5. 아니 땐 굴뚝에 연기 날까

원인이 없으면 결과가 있을 수 없음을 이르는 말

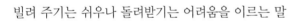

1. 앉아 주고 서서 받는다

빌려 주기는 쉬우나 돌려받기는 어려움을 이르는 말

2. 음지가 양지 되고, 양지가 음지 된다

운이 나쁜 사람도 좋은 수를 만날 수 있고 운이 좋은 사람도 늘 좋기만 하는 것이 아니라 어려운 시기가 있다는 말로, 세상사는 늘 돌고 돈다는 말

3. 열 번 찍어 아니 넘어가는 나무 없다

아무리 뜻이 굳은 사람이라도 여러 번 권하거나 꾀고 달래면 결국은 마음이 변한다는 말

4. 열 사람이 지켜도 한 도둑놈을 못 막는다

여러 사람이 함께 살펴도 한 사람의 나쁜 짓을 못 막는다는 말

5. 열 손가락 깨물어 안 아픈 손가락이 없다

혈육은 다 귀하고 소중함을 이르는 말

1. 오르지 못할 나무는 쳐다보지도 마라

자기의 능력 밖의 불가능한 일에 대해서는 처음부터 욕심을 내지 않는 것이 좋다는 말

2. 오지랖이 넓다

쓸데없이 지나치게 아무 일에나 참견하는 사람을 두고 하는 말

3. 옷은 새 옷이 좋고, 사람은 옛 사람이 좋다

물건은 새것이 좋고 사람은 오래 사귀어 서로를 잘 알고 정분이 두터워진 사람이 좋다는 말

4. 우물 안 개구리

넓은 세상의 형편을 알지 못하는 사람. 또는 견식이 좁아 저만 잘난 줄로 아는 사람을 비꼬는 말

5. 우물을 파도 한 우물을 파라

일을 너무 벌여 놓거나 하던 일을 자주 바꾸어 하면 아무런 성과가 없으니 어떠한 일이든 한 가지 일을 끝까지 하여야 성공할 수 있다는 말

---

1. 원수는 외나무다리에서 만난다

꺼리고 싫어하는 대상을 피할 수 없는 곳에서 공교롭게 만나게 됨을 이르는 말

2. 이가 자식보다 낫다

이가 있으면 먹고 살아갈 수 있으며 때로는 맛있는 음식도 먹게 된다는 뜻으로, 이의 중요성을 이르는 말

3. 이가 없으면 잇몸으로 살지

좀은 아쉽지만 없으면 없는 대로 또 다른 방법이 있다는 말

4. 자식은 내 자식이 커 보이고, 벼는 남의 벼가 커 보인다

자식은 자기 자식이 잘나 보이고, 재물은 남의 것이 더 좋아 보여 탐이 남을 이르는 말

5. 자식은 애물이라

사람이 자기가 소중하게 여기는 물건에 대하여 혹시 잘못되지 아니할까 하며 늘 걱정하는 것처럼, 자식은 언제나 부모에게 걱정만 끼침을 이르는 말

1. 자식을 길러 봐야 부모 사랑을 안다

부모의 사랑은 자식이 그 끝을 다 알 수 없을 만큼 깊고 두터움을 이르는 말

2. 저승길과 변소 길은 대신 못 간다

죽음과 용변(用便)은 남이 대신해 줄 수 없다는 말

3. 저승 길이 대문 밖이다

죽음이란 멀리 있는 뜻 싶으나 실은 바로 가까이에 있는 것인 즉, 언제 죽을지 모른다는 말

4. 제 버릇 개 줄까

한번 젖어 버린 나쁜 버릇은 쉽게 고치기가 어렵다는 말

5. 죽을 병에도 살[쓸] 약이 있다

어떠한 곤경에서도 희망은 있는 것이니 낙심하지 말라는 말

---

1. 지렁이도 밟으면 꿈틀한다

아무리 눌려 지내는 미천한 사람이나, 순하고 좋은 사람이라도 너무 업신여기면 가만있지 아니한다는 말

2. 찬물도 위아래가 있다

무엇에나 순서가 있으니, 그 차례를 따라 하여야 한다는 말

3. 참을 인(忍)자 셋이면 살인도 피한다

아무리 분한 일이 있어도 참으면 위기를 모면할 수 있다는 말

4. 코 아래 구멍이 제일 무섭다

입을 마구 놀리다가는 큰 화를 입게 된다는 뜻으로, 말을 조심하라는 말

5. 콩 심은 데 콩 나고, 팥 심은 데 팥 난다

모든 일은 근본에 따라 거기에 걸맞은 결과가 나타나는 것임을 이르는 말

1. 태산을 넘으면 평지를 본다

고생을 이겨 내면 즐거운 날이 온다는 것을 이르는 말

2. 토끼 둘을 잡으려다가 하나도 못 잡는다

욕심을 부려 한꺼번에 여러 가지 일을 하려 하면 그 가운데 하나도 이루지 못한다는 말

3. 티끌 모아 태산

아무리 작은 것이라도 모이고 모이면 나중에 큰 덩어리가 됨을 이르는 말

4. 팔은 안으로 굽는다

사람은 누구나 자기와 가까운 사람에게 정이 더 쏠린다는 말

5. 핑계 없는 무덤이 없다

무슨 일에라도 반드시 둘러댈 핑계가 있음을 이르는 말

---

1. 하나는 열을 꾸려도 열은 하나를 못 꾸린다

한 부모는 여러 자식을 거느리고 살아도 여러 자식은 한 부모를 모시기가 어렵다는 말

2. 하나만 알고 둘은 모른다

사물의 한 측면만 보고 두루 보지 못한다는 뜻으로, 생각이 밝지 못하여 도무지 융통성이 없고 미련하다는 말

3. 하늘을 보아야 별을 따지

어떤 성과를 거두려면 그에 상당하는 노력과 준비가 있어야 한다는 말

4. 하늘의 별 따기

무엇을 얻거나 성취하기가 매우 어려운 경우를 이르는 말

5. 하늘이 무너져도 솟아날 구멍이 있다

아무리 어려운 경우에 처하더라도 살아 나갈 방도가 생긴다는 말

1. 하룻강아지 범 무서운 줄 모른다

철없이 함부로 덤비는 경우를 이르는 말

2. 하룻밤을 자도 만리성을 쌓는다

잠깐 사귀어도 깊은 정을 맺을 수 있음을 이르는 말

3. 한술 밥에 배부르랴

무슨 일이고 처음에 큰 성과를 기대할 수 없고 힘을 조금 들이고는 큰 효과를 바랄 수 없다는 말

4. 혀 아래 도끼 들었다

말을 잘못하면 재앙을 받게 되니 말조심을 하라는 말

5. 호랑이도 제 말 하면 온다

깊은 산에 있는 호랑이조차도 저에 대하여 이야기하면 찾아온다는 뜻으로, 어느 곳에서나 그 자리에 없다고 남을 흉보아서는 안 된다는 말

'K-한글'의 세계화 www.k-hangul.kr

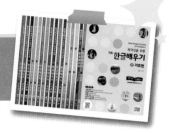

1. 영어로 한글배우기
Learning Korean in **English**

2. 베트남어로 한글배우기
Học tiếng Hàn bằng tiếng Việt

3. 몽골어로 한글배우기
Монгол хэл дээр солонгос
цагаан толгой сурах

4. 일본어로 한글배우기
日本語でハングルを学ぼう

5. 스페인어로 한글배우기(유럽연합)
APRENDER COREANO EN
ESPAÑOL

6. 프랑스어로 한글배우기
Apprendre le coréen en
français

7. 러시아어로 한글배우기
Изучение хангыля
на русском языке

8. 중국어로 한글배우기
用中文学习韩文

9. 독일어로 한글배우기
Koreanisch lernen auf **Deutsch**

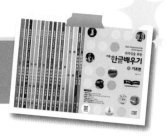

10. 태국어로 한글배우기
เรียนฮันกึลด้วยภาษาไทย

11. 힌디어로 한글배우기
हिंदी में हंगउल सीखना

12. 아랍어로 한글배우기
تعلم اللغة الكورية بالعربية

13. 페르시아어로 한글배우기
یادگیری کره‌ای از طریق فارسی

14. 튀르키예어로 한글배우기
Hangıl'ı Türkçe Öğrenme

15. 포르투칼어로 한글배우기
Aprendendo Coreano em
Português

16. 스페인어로 한글배우기(남미)
Aprendizaje de coreano en
español

외국인을 위한 기초 한글 배우기

한글배우기 ❷ 문장편

2024년 10월 9일 개정판 1쇄 발행

발행인 | 배영순
저자 | 권용선(權容璿)
펴낸곳 | 홍익교육
기획·편집 | 아이한글 연구소
출판등록 | 2010-10호
주소 | 경기도 광명시 광명동 747-19 리츠팰리스 비동 504호
전화 | 02-2060-4011
홈페이지 | www.k-hangul.kr
E-mail | kwonys15@naver.com
정가 | 14,000원
ISBN 979-11-88505-81-4 13710